中國學術思想 研究輯刊

十 二 編

林 慶 彰 主編

第 12 冊

劉師培「春秋左傳學」之研究

宋 惠 如 著

花木蘭文化出版社

國家圖書館出版品預行編目資料

劉師培「春秋左傳學」之研究／宋惠如 著 — 初版 — 新北市：
花木蘭文化出版社，2011〔民 100〕
目 2+156 面；19×26 公分
（中國學術思想研究輯刊 十二編；第 12 冊）
SBN：978-986-254-654-3（精裝）
1. 左傳　2. 研究考訂
030.8　　　　　　　　　　　　　　　　　100015770

ISBN-978-986-254-654-3

9 789862 546543

中國學術思想研究輯刊
十二編　第十二冊　　　　　　　ISBN：978-986-254-654-3

劉師培「春秋左傳學」之研究

作　　者　宋惠如
主　　編　林慶彰
總 編 輯　杜潔祥
出　　版　花木蘭文化出版社
發 行 所　花木蘭文化出版社
發 行 人　高小娟
聯絡地址　新北市永和區中正路五九五號七樓
　　　　　電話：02-2923-1455／傳眞：02-2923-1452
網　　址　http://www.huamulan.tw 信箱 sut81518@gmail.com
印　　刷　普羅文化出版廣告事業
封面設計　劉開工作室
初　　版　2011 年 9 月
定　　價　十二編 55 冊（精裝）新台幣 90,000 元

劉師培「春秋左傳學」之研究

宋惠如　著

作者簡介

宋惠如，台灣省花蓮縣人。國立中央大學中國文學研究所碩士畢業，碩士論文：《劉師培「春秋左傳學」之研究》。輔仁大學中國文學系博士畢業，博士論文：《晚清民初經學思想的轉變——以章太炎「春秋左傳學」為中心》。研究以經學史、近現代經學思想、春秋學為主。

提　　要

　　《春秋》為六經之一，而解釋《春秋》大義的傳文有三部，《公羊》、《穀梁》和《左傳》。其中《公羊》和《穀梁》性質為傳經的著作，為人所肯定而確信不疑，但是《左傳》傳解《春秋》經義的性質，從漢代至今一直為人所懷疑，不斷的有關於《左傳》性質的論辯。本論文探討清末民初學者劉師培對於《春秋左傳》學的研究。

　　劉師培詳細的說明《春秋》與《左傳》的關係，證明《左傳》的傳經性質，並系統的提舉《左傳》的經解方式。然而今文學家將《左傳》歸類為史學著作 從《左傳》經籍來歷與傳承，懷疑《左傳》的傳經性質。而且，今文學家根據晉代杜預的《春秋》觀與《左傳》的研究成果，提出對古文經和古文經學的各種見解，將古文學家歸為史學派。但是今文學家根據的杜預說法所提出的見解，是否恰當的代表了古文家的主張？劉師培也針對這些問題提出他的看法。

目

次

第一章 緒 論

第一節 劉師培（1884～1919）的《左》學著作

　　劉師培，字申叔，又名光漢，別號左盦，江蘇揚州儀徵人，清光緒十年生，卒於民國 8 年，享年三十六。所處的時代正值清末民初，當時中國的學術受到西學的激盪，劉氏傾其畢生之力，致力於國學的發揚，孜孜於典籍古義的闡釋。劉氏的曾祖文淇、祖毓崧、伯父壽曾，均是治經名家。在張舜徽的《清人文集別錄》中，曾論及劉壽曾撰述的《傳雅堂文集》：

> 抑壽曾嘗溯其家學所自，實淵源於江、戴，謂戴氏弟子以揚州爲盛。
> 阮元得師說於王念孫、任大椿，爲江氏之再傳。其大父淇，嘗從阮
> 氏問故，爲江氏之三傳。其父毓崧，紹述家學，爲江氏之四傳。……
> 儀徵劉氏雖晚起，而能守其鄉先正遺風，故亦取徑廣而畜德多。觀
> 其祖孫父子，持論名通，而不泥於一曲，夫豈偶然？（頁 516）

認爲儀徵劉氏之治學方向，主要乃承自清代江永、戴震的漢學學風。劉師培的治學亦承此家學。

　　劉師培治學著作甚多，蔡元培在〈劉君申叔事略〉中說明劉師培的論著，總括有：

> 凡關於論群經及小學者二十二種，論學術及文辭者十三種，群書校
> 釋二十四種，詩文集四種，讀書記五種，學校教本六種。（《劉申叔
> 遺書》，頁 23）

著述所及，包括學術思想、經學、小學、文學，更校釋群書。其遺著經弟子

陳鐘凡、劉文典等人收輯，由錢玄同加以整理，於民國 23 年刊行《劉申叔先
生遺書》（下簡稱《遺書》）。劉師培的著作範圍廣泛，然亦有其治學方向與重
心。在陳鐘凡〈劉先生行述〉中說：

> 劉先生……曾祖文淇、祖毓崧、伯父壽曾，均以治《左氏春秋》名
> 於清道咸、同光之世，列傳國史。父貴曾以經術發名東南。先生少
> 承先業，服膺漢學，以《春秋》三傳同主詮經，《左傳》爲書，說尤
> 賅備。（《遺書·行述》，頁 19）

指出劉師培承先祖之遺業，對《春秋左氏傳》的研究最爲完整詳備。

　　劉師培《春秋》和《左傳》的研究著作可分爲兩類。首先在《春秋》經
的注解上，有《春秋古經箋》三卷，只有宣公、成公、襄公部分經文的箋註。
另外有《春秋古經舊注疏證》的零稿，只有隱公經文「夏五月鄭伯克段於鄢」
的疏解。這些《春秋》經箋註的篇幅很少，是劉師培欲續先世纂述《春秋左
氏傳舊注疏證》未竟之業的著作。至於他對《左傳》的研究著作，則可分爲
《左傳》來歷與傳承、詮經傳例以及傳經性質等方面。這部分是本文研究劉
師培「春秋左傳學」的論述重心，故接下來以主題論述的方式，說明劉師培
這方面的著作。

　　首先，關於《左傳》的來歷與傳承。劉師培在〈讀左箚記〉中說明《左
傳》的傳承經過，主要是引《漢書·藝文志》的說法加以論述。其次，劉師
培將《左傳》對照於秦漢諸書，如《韓非子》、《呂覽》及《淮南子》等書的
內容，說明先秦諸書有採用《左傳》說法的情況，在〈左盦集〉中如〈周季
諸子述左傳考〉、〈左氏學行於西漢攷〉等文，對《左傳》在先秦與西漢時流
行的狀況加以引證與說明。劉師培說明先秦和兩漢即已採用《左傳》之況，
目的乃在證明《左傳》的成書先於《公》、《穀》二傳。

　　再者，對《左傳》詮釋經文書法的歸納、義例的表現方式，劉師培則有
〈春秋左氏傳答問〉、〈春秋左氏傳時月日古例考〉、〈春秋左氏傳古例詮微〉、
〈春秋左氏傳傳例解略〉以及〈春秋左氏傳傳注例略〉、〈春秋左氏傳例略〉
等著作。在〈春秋左氏傳答問〉中劉師培以問答的形式，對《春秋》書法及
《左傳》詮釋方式，作簡單的討論，比較專門的說明則見於〈春秋左氏傳傳
注例略〉、〈春秋左氏傳例略〉。在《劉申叔先生遺書》的〈總目〉中曾提到，
〈春秋左氏傳傳注例略〉、〈春秋左氏傳例略〉二書在內容上大致相同，兩者
實同爲一書，然而詳略有異，前書略而後書詳（《劉申叔先生遺書》，頁 9）（本

論文之引文皆引自後書之文）。面對《春秋》經傳對照時所產生的特別現象，劉師培指出：

> 《春秋》三傳，同主詮經，《左傳》爲書，體殊二傳。或經無其文，傳詳其事，經傳異詞者，學者疑之。考先師遺説，知傳有經無，所以明經文筆削。……舉凡傳詳經略，以及傳有經無者，筆削所昭，莫不著義。（《遺書・春秋左氏傳例略》，頁 415）

認爲《左傳》的傳經方式不同於《公》、《穀》，主要表現在《左傳》與經文不相合之處。這些經傳互異的部分，皆關係著經文書法與《左傳》義例。因此二書之作，主在昭明《左傳》傳經的一些特殊表達方式，如「經爲孔子所作，故經字相同即爲同旨。傳文發例，或詞著於此，誼通於彼。」（《遺書・春秋左氏傳例略》，頁 415）證明《左傳》詮經之義例，其實較二傳爲完整。

此外對經傳的性質與關係、《左傳》傳經的方式作較全面說明的，則見於《春秋左氏傳古例詮微》二十篇的論文中。其中〈崇經〉、〈續經〉、〈明傳〉、〈簡策〉、〈明作〉、〈非從史〉、〈詮凡例〉、〈釋赴告〉、〈內事〉以及〈闢非例〉等篇，是對經傳性質與關係的說明。另外對於《左傳》傳經的各類義例有比較系統說明的，則在〈時月日例〉、〈名例〉、〈禮例〉、〈地例〉、〈事例〉、〈詞例〉、〈錯文〉、〈變文〉等篇章中。

在劉師培說明的各類義例中，特作《春秋左氏傳時月日古例考》，對《春秋》記載時月日的書法義例，作了深入詳細的說明，是劉師培對《左傳》傳統各項義例研究中，最完整的著作。劉師培在〈序目〉中表示：

> 史公〈三代世表序〉云：「孔子因史文作《春秋》，紀元年正時月日，蓋其詳哉。」劉子駿〈三統曆〉亦云：「是故元始有象一也，《春秋》二也，三統三也、四時四也，合而爲十成五體。」是則《春秋》一經首以時月日示例，《公》、《穀》二家，例各詮傳，《左氏》所詮，尤爲近實，乃傳文所著書日例，僅「日食」、「大夫卒」二端，餘則隱含弗發，以俟隅反。漢儒創通條例，肇端子駿、賈、許諸君，執例詮經，于時月日書法三致意焉。雖遺説湮淪，存僅百一，然掇彼賸詞，詳施攷覈，蓋以經書月日，詳略不同，均關筆削，禮文隆殺。
> （《遺書・春秋左氏傳時月日古例考・序目》，頁 361）

他反對晉代《左傳》學者杜預以「時月日」僅有「日食」及「大夫卒」二例的說法，認爲《春秋》中時月日的註明，攸關經文書法的表達。是以此著作，

著重在整理漢儒散佚的資料，尤其是所述的時月日例。

劉氏對《左傳》的經籍來歷、傳例的伸張，乃在說明《左傳》爲傳經之書，是以對《左傳》傳經之說，劉師培有多方面的論述。在《左盦集》中有〈左氏不傳春秋辨〉等文，對《左傳》傳經的問題加以討論。至於《左傳》傳經的目的，此涉及《春秋》經的性質與孔子作經的目的，在《左盦集》中〈古春秋記事成法攷〉、〈孔子作春秋說〉以及《左盦外集》中的〈春秋原名〉有詳細的討論。

劉師培對《左傳》傳經的性質與方式的研究，一方面是延續古文家對《春秋左氏傳》的整理工作。另一方面則是對應著清代今文學家認爲《左傳》不傳《春秋》，以至於對古文家經學觀提出質難與批評。因此劉師培對於經學演變與經學觀的討論，也多有撰文，如〈漢代古文學辨誣〉、〈古學起原論〉以及〈孔學眞論〉等篇章。

從劉師培論述《左傳》的相關著作來看，劉氏顯然特別重視《左傳》傳經方式的具體說明，且致力於傳文義例的歸納。義例，主要是說解經書中特殊而一致的表達方式，因此對義例的系統說明，需要建立在可信的注疏基礎上。劉師培解釋《左傳》義例的基礎，基本上是奠基於其先世對《左傳》的研究成果，也就是劉文淇等人所合著而成的《春秋左氏傳舊注疏證》。而且，劉師培對《左傳》研究立場，亦是承自劉文淇的《春秋左氏傳舊注疏證》，因此從《春秋左氏傳舊注疏證》的相關論述中，可以一窺劉師培的基本主張。

第二節　劉文淇的《春秋左氏傳舊注疏證》

在清代乾嘉時期，漢學興盛，學者崇尙漢儒經說，尤其推崇東漢的古文經學，主張以訓詁文字、考證名物、典章制度的研究，作爲闡釋經義的基礎。故漢學學者在《春秋》經的傳解上，便以《左傳》爲釋義之要典。然在道光以後，出現標幟鮮明的今文經學派，其特點在於尊奉《春秋》，獨崇《公羊》，主張恢復西漢今文家學的治學傳統，與漢學家崇尙東漢古文經學形成明顯的對立立場，而清代漢學家也因此被泛稱爲清代的古文學派。

清代漢學家鑽研《春秋》經義者，以《左傳》的相關研究爲主，如段玉裁有《春秋左傳古經》、汪中《左氏春秋釋疑》等，其旨皆在說明《左傳》非僞作。清代漢學家在《春秋左傳》學的治學成果，主要表現在二方面，即對

杜注孔疏的批判與漢儒舊說的輯佚。

　　漢學的治學重點在於回歸到東漢的古文經學，對於漢儒之說有所伸張，但面對《左傳》的研究，仍不免參考杜預《春秋經傳集解》的研究成果。只是，對於自唐以來成為《左傳》權威學說的杜預注解，清代漢學家實抱持著嚴厲批判的態度，現代學者沈玉成、劉寧說明這樣的情況：

> 《左傳》的杜注孔疏自成書之日起，便享有獨尊的地位，但在清代却受到考據學者的猛烈攻擊。考據家最不滿意的便是它在字義訓詁上的疏漏，認為杜、孔昧于古音古義，望文生訓。名物、地理和典章制度的考證也多有不妥之處。（《春秋左傳學史稿》，頁 306）

指出清代學者從地理、名物、訓詁以及典章制度等實際的注解上，對杜預進行批判。如顧炎武的《左傳杜解補正》是修正杜注孔疏的濫觴之作，繼之有惠棟的《左傳補注》、沈彤的《春秋左傳小疏》以及馬宗璉的《春秋左傳補注》等著作，皆是就杜注在考證上的疏失加以糾補。可見杜預之傳注相當受到清儒的重視。

　　其次，對漢儒的舊注經說的搜集和研究，也是清代漢學家主要的治學方向，其搜羅舊注經說的對象包括漢代劉歆、賈逵、服虔、許慎、穎容等古文學家對《左傳》的注解。目的乃是在漢儒經說的基礎上，對杜預的說詞展開反駁。如李貽德的《左傳賈服注輯述》，不單是輯佚漢儒諸說，並且對杜注孔疏的說解予以駁斥。而清代古文經學家治《左傳》學總成績的展現，當推由劉文淇、劉毓崧父子編纂而成的《春秋左氏傳舊注疏證》（以下簡稱《疏證》）。

　　《疏證》是整理漢儒說解，以及對杜注孔疏的批評而成的《左傳》新疏。劉文淇在〈致沈韓欽書〉中表示：

> 思為《左氏》疏證，取《左氏》原文，依次排比，先取賈、服、鄭君之注，疏通證明，凡杜氏所排擊者，糾正之，所剿襲者，表明之。
> （《春秋左氏傳舊注疏證》附錄一，頁 1）

可見劉文淇是以賈、服舊說作為《疏證》疏通經傳的基礎，糾正杜預對漢儒舊說的批評。《疏證》多批評杜預在名物、訓詁和禮制上的缺失。如隱公元年「莊公寤生」，《疏證》謂：

> 杜注謂「寐寤而莊公已生」……沈欽韓云：「如杜解，則寐寤中便已生子，較后稷之生生如達，文王之溲于豕牢，殆又易之。姜氏當鍾愛，何為惡之乎？寤與啎同，《說文》啎，逆也。今生子有足先出者，

難產謂之逆生。」黃生義府云：「寤與牾通。牾，逆也。凡生子，首
出爲順，足出爲逆，至有手及臂先出者，此等皆不利于父母，或其
子不祥，故世俗惡之。莊公寤生，是逆生也。逆生則產必難，其母
之驚且寤也，宜矣。」文淇案，《史記・鄭世家》「生太子寤生，生
之難，及生，夫人弗愛。後生少子段，生易，夫人愛之。」則寤生
爲難產也，信矣。

杜預將「寤」解爲「寤寐」，意思是說姜氏在睡眠中醒來時，莊公已經誕生。
但是劉文淇依沈欽韓和黃義府的說法，認爲「寤」是他字的假借，應解爲「逆」，
「寤生」應是逆生，也就是難產的意思。劉文淇又引《史記》中的「生之難」
的說法，糾正杜預的錯誤。此外，在禮制方面，如文公十六年經文「夏，五
月，公四不視朔」：

杜注「諸侯每月必告朔聽政，因朝于廟」，蓋據六年經「閏月不告月，
猶朝于廟」爲說。又云「今公以疾闕，不得視二月、三月、五月朔
也。《春秋》十二公，以疾不視朔非一也，養疢所取，故特舉此以表
行事。」……本《疏》「告朔，謂告於祖廟，視朔，謂聽治月政。視
朔由公疾而廢，其告朔或有司告之，不必廢也。」《疏》釋告朔、視
朔，至爲分曉，告朔可由有司行之，視朔當聽政，必公自臨。杜注
直以告朔當視朔，非也。

根據《左傳正義》的解釋，「告朔」和「視朔」是不同的儀節，但是杜預在解
說經文時，說明諸侯每月必告朔，緊接著又說公不得視二月、三月、五月之
朔，是將二制視爲同制，顯然有誤，劉文淇對此加以糾正。

　　然而劉文淇又認爲杜預之注並不完全違背漢儒之注，因爲在《春秋經傳
集解》中，可以看到杜預同於漢儒之說的例子。劉文淇說：

覆勘杜注，眞覺疢痏橫生，其稍可觀覽者，皆是賈、服舊說。(《春
秋左氏傳舊注疏證》附錄一，頁1)

亦即劉文淇以杜預的《春秋經傳集解》，雖然有異於漢儒之說，此部分固爲《疏
證》所伸張，卻也認爲《集解》中多有同於漢儒經說，而爲杜預襲取漢儒之
說者。如隱元年傳：

書曰：「鄭伯克段于鄢。」段不弟，故不言弟；如二君，故曰克；稱
鄭伯，譏失教也；謂之鄭志，不言出奔，難之也。(《春秋左傳注》，
頁14)

《疏證》引《左傳正義》之服虔舊注謂：

> 服云：公本欲養成其惡而加誅，使不得生出。此鄭伯之志意也。（《疏
> 證》，頁 10）

《疏證》又云：

> 杜注：「不早爲之所，而養成其惡，故曰失教。段實出奔，而以克爲
> 文，明鄭伯志在於殺，難言其奔。」所謂「養成其惡」、「志在於殺」
> 與服氏同。

是《疏證》認爲杜注有承漢儒舊注者。

再者，劉文淇在〈致沈韓欽書〉中，認爲賈、服舊說援引《公》、《穀》
義例的經解很有問題。他說：

> 至若《左氏》之例異於《公》、《穀》，賈、服間以《公》、《穀》之例
> 釋《左傳》，是自開其罅隙，與人可以攻。（《春秋左氏傳舊注疏證》
> 附錄一，頁 1）

說明賈、服偶有以《公》、《穀》之義例以釋《左傳》者，則是賈、服之注引
人懷疑的地方，因此並不完全同意賈、服舊注。是以《疏證》的重要，不僅
在於對漢儒舊注的搜羅整理，對於杜注孔疏有所批評反駁，更值得注意的是，
《疏證》乃是劉文淇等人在清人嚴格的典制、名物詁訓的考證基礎上，對前
代的權威注疏加以疏證並有所抉擇者。

雖然劉文淇於賈、服引《公》、《穀》之處，有不同的意見，卻不代表《疏
證》完全不採《公》、《穀》的經解。見他在《疏證》的〈注例〉中，對杜預
批評賈、服舊說引《公》、《穀》有所反駁。劉文淇說：

> 褒諱抑損之義，三傳所傳《春秋》皆有之。注《左氏》者，惟賈君
> 尚存梗概，後人議其雜《公》、《穀》之說爲自潰家法，實則《左氏》
> 本有其義，而賈君傳之，非賈君好爲合併也。（《疏證·注例》）

反對杜預認爲賈、服舊注雜引《公》、《穀》以亂《左傳》之義的說法。〔註1〕

〔註 1〕杜預在〈春秋序〉中謂：「古今言《左氏春秋》者多矣，今其遺文可見者十數
家。大體轉相祖述，進不成爲錯綜經文以盡其變，退不守丘明之傳，於丘明
之傳有所不通，皆沒而不說，更膚引《公羊》、《穀梁》，適足自亂。」孔穎達
謂：「經之詳略，本不著義，強爲之說，理不可通。故進不成爲錯綜經文以盡
其變，於傳之外，別立異端故，退不守丘明之傳，傳有不通，皆沒而不說，
謂諸家之注，多有此事。但諸注既亡，不可指摘。若觀服虔、賈誼之注，皆
沒而不說者眾矣。……《公羊》、《穀梁》口相傳授，因事起問，意與《左氏》
不同，故引之以解《左氏》，適足以自錯亂也。」既諸注皆亡，批評對象也就

劉文淇認爲賈君之傳《左氏》義，非引自二傳，而是三傳之義時有所同，不必賈君之引併，是以不認同杜預所說，認爲賈、服之說混亂《左傳》義法。劉文淇對於引《公》、《穀》之說有二種不同的態度，乃是由於劉文淇認爲三傳的經解有可通之處，可以援引今文家說以補《左傳》之不足。

但是在涉及今、古文家以不同的立場來解釋經義時，劉文淇也有其抉擇標準。他與今文家在立場上的不同，在〈注例〉提及：

> 釋《春秋》必以周禮明之。周禮者，文王基之，武王作之，周公成
> 之，周禮明而後亂臣賊子乃始知懼。若不用周禮，而專用從殷，則
> 亂臣賊子皆具曰予聖，而藉口於《春秋》之改制矣。(《疏證・注例》)

說明其注釋經傳的主要根據是周代禮儀制度，他認爲明禮有儀才能建立對於亂臣賊子的判定標準，發揮使其畏懼的功能。劉文淇認爲，禮之爲判斷標準，是以周代的禮文制度爲依據，不當如《公羊》家所言，將《春秋》視爲改制之文，而實從殷之質。換言之，若以改制之文爲據，那麼亂臣賊子皆曰改制，於是造成評判善惡的標準不一，則作惡者也就有恃而無恐了。因此，《疏證》在經義的抉擇上，涉及《公羊》家有異於周禮者，有不同的意見。也就是說，劉文淇雖然接受部分今文經學的經解，但並不認可今文家解釋《春秋》大義的一套說法。

《疏證》除整理漢儒說解，以及杜注孔疏的批評而成的《左傳》新疏外，劉文淇在〈致沈欽韓書〉中說明其成書之根據，尚有：

> 疏中所載，尊著十取其六，其顧、惠補注及王懷祖、王伯申、焦理
> 堂諸君子說有可采者，咸與登列，皆顯其姓氏，以矯元凱、沖遠襲
> 取之失。(見《春秋左氏傳舊注疏證》附錄一，頁1)

不僅搜羅賈服之說，也蒐集清代古文經學家對於《左傳》傳文的訓釋疏解。因此《疏證》雖然只到襄公五年，仍可視爲清代學者整理舊疏及新注《左傳》之總體展現。

綜上所言，《疏證》的立場，主要是以漢儒舊注爲立論的基礎，批評杜預之說，而且在奉《春秋》大義爲周代禮文的前提下，援引《公羊》、《穀梁》的經解。劉師培即是承此基本的立場，展開對《左傳》的研究。

是當時仍可得見賈、服之注。因此《孔疏》對舊注引《公》、《穀》之說的批
評，指的應該是賈、服注。

第三節　研究動機與方式

　　在漢代，《左傳》是今、古文經之爭的焦點。在清代學術史上，今、古文經學的論戰重揚漢代今、古文之爭的旗幟，尤其是《左傳》傳經問題，更是今文學家詰難古文經學的焦點。如現代學者沈玉成、劉寧便認爲：

　　　　清代今文學者對《左傳》的否定，成爲清末今古文問題的核心。（《春秋左傳學史稿》，頁 332）

可見，清代今文學家乃遙承漢代今文家對《左傳》的批評及否定。如清代學者劉逢祿著《左氏春秋考證》，論證《左傳》不傳解《春秋》經，康有爲著《新學僞經考》，認爲《左傳》是古文經書僞造的起點，藉著劉歆遍僞群經之說，貶抑古文經和古文經學的價值。

　　再者，對於對於今、古文經學的分別，今文學者有著特別的見解。如廖平著有《今古學考》詳細比較了今、古文經學之異同，道出在今文經學家眼中古文經學的治學傾向。〔註2〕他們認爲今文家爲經學派，古文家爲史學派，

〔註2〕廖平分別今古文經學的異同，在〈今古學宗旨不同表〉區分了今古文經學的治學宗旨。表中説明今文家祖孔子；古文家宗周公。今文主因革，參用四代禮；古文主從周，專用周禮。今經皆孔子所作；古經多學古者潤色史冊。今文爲經學派；古文爲史學派。今文家以《春秋》爲正宗，餘經是推衍《春秋》之法；今學典籍存有《穀梁春秋》和《公羊春秋》，而古學以《周禮》爲正宗，廖氏又謂《左傳》即是推衍其説者（《廖平學術論著選集一》，頁 44、45）。另外，在〈今古學專門書門表〉中，廖平還指出〈王制〉、《穀梁春秋》、《公羊春秋》、《儀禮記》爲今學所治。古文則治《周禮》、《左氏春秋》、《經儀禮經》等經書，並申明「治今學者，衹許據此表書，不得雜古學」，治古學者亦不得雜今學。（《廖平學術論著選集一》，頁 50）除此之外，廖平還對今古文經學禮制上的差異、同名異實或同實異名者分別作表，清楚的劃分出今古文經學的界限。現代學者周子同論今古文學的分別，大部分採納廖平的看法，又進一步的説明：
古文學家視孔子爲一史學家、他們以爲六經都是前代的史料，所謂「六經皆史」；孔子只是前代文化的保存者，所謂「述而不作，信而好古。」……今文學家視孔子爲教育家、哲學家、政治家。他們以爲六經固有前代的史料，但這只是孔子「託古改制」的工具。孔子所著重的，不在於六經的文字事實，而在於六經的微言大義。（《群經概論》，頁 12）
他也做今古文學的同異表，在表中更説明了今文的傳授多可考，古文經學則否。歸納廖平與周子同的説法，大致分爲幾方面，一、孔子與周公地位的安排。今文學家尊奉孔子，認爲孔子是受命的素王，爲哲學家、政治家、教育家；古文家尊奉周公，以孔子爲先師，是史學家。二、對六經的看法。今文學家認爲六經是孔子託古改制的著作，故以《春秋公羊傳》爲主，爲經學派；古文學家以六經爲古代史料，認爲孔子是「信而好古，述而不作」，以《周禮》

顯示今文學家認爲古文學家的經學研究，乃是以史學爲本質。今文學家所認爲的古文家經學主張，如周孔定位與《左傳》傳經等等問題，其實就是基於這個根本認定而產生。面對今文學者所提出的古文學經治學宗旨，我們發現古文家的學者，對其經學觀的說明、提出相對少見。換言之，古文家經學觀其實並不明顯。因此，清代分別今、古文經學的看法，主要以今文學家的見解爲主，而今文學家說明古文經與古文經學，主要又聚焦在《左傳》學。在今文經學家的批評下，古文經書中尤以《左傳》富有史學色彩的經解方式，反成古文經書不傳經的表現，而將古文經學歸之於史學。

可以代表古文學派的主張，其實是從晉代杜預《春秋經傳集解》的〈春秋序〉上來的。杜預以《春秋》大義乃是周公之制法，爲孔子所述，以及《春秋》書法多爲史官之遺等論點，也就成爲清代今文學者評論古文經學觀的主要根據。如熊十力宗《公羊》傳《春秋》大義，若以廖平的標準而言，當屬今文家，他對於古文家經學主張，有若干看法：

> 案周公預爲魯史記定義例，斷無此事，本不足辨。杜預懷姦心以逞
> 臆說，近時談今、古文者，遂據此而謂古文家宗周公，不知此乃杜
> 預一人之姦言，何可謂古文家原來有此根本主張乎？（《讀經示要》
> 卷三，頁 127）

《春秋》的書法爲周公制法之遺的觀點，若就《春秋》載事來看，由於其中有若干西周未及的制儀或是東周違禮的懲例，因此熊氏認爲周公根本不可能預見未來之事而爲其創見。至於宗法周公成爲古文家的經學主張，熊氏認爲這樣的誤解來自於杜預。另外在詮釋方式上，清代學者皮錫瑞除了對於今文家的觀點多有申張之外，也認爲「云（《春秋》）有貶損，有筆削，則知《左氏》家經承舊史之義非矣。」（《經學通論・春秋》，頁 12）這樣的批評，也是從杜預偏重以《左傳》之史文爲主要解經途徑的經學主張而來的。

因此，今文家主要是透過批評《左傳》的解經，質疑古文經與古文經學。而今文家對《左傳》解經的看法，主要又是來自古文家杜預的觀點，由此引申出對古文經和古文經學的各種見解。今文學者對古文學派的說明，由於不

爲主，爲史學派。三、主要的研究典籍。今文學家爲《儀禮》、《公羊》、《穀梁》、《大戴禮記》、《小戴禮記》以及《韓詩外傳》；古文經學則是《毛詩》、《周禮》、《左傳》。四、在傳授方面。今文學的傳授多可考，盛行于西漢且皆立於學官；古文學的傳授多不可考，在西漢多行于民間，而盛行於東漢。（參見《周予同經學史論著選集》，頁 9 之表）

相應於古文經和古文經的解經特點，又使得古文學派治經的宗旨不顯，古文經的價值隨之無法彰明，而喪失其應有的經學地位。

　　劉師培的「春秋左傳學」，即是在今文家對古文經和古文經學種種不恰當的理解下，所提出的各項說明與主張。他反駁《左傳》偽作的觀點，說明傳承問題與《春秋》的關係等，這些都是在今文家的激盪下，所提出的對《左傳》的種種說明。再者，劉師培對《左傳》的解經方式，提出一套系統的說明，透過這樣的說明，呈顯出《左傳》的解經特色。對於今文家理解古文家的根據，亦即杜預的《春秋》觀與《左傳》的解經方式，劉師培也批評與分析杜預理解上的問題，藉以澄清古文家的主張。藉由這些論點的提出，劉師培進一步具體的說明古文經學的特色。換言之，劉師培的「春秋左傳學」，在清代《左傳》新疏的基礎上，建構了另一套不同於杜預的《春秋》觀，以說明《左傳》的解經方式，而且在這個架構上，進一步申明古文家不同於今文家的主張，展現古文經學的特色。

第二章 《左傳》與古文經學

　　自漢代以來，經學史上的今、古文之爭，《左傳》都是備受爭論的典籍。
到了晚清，今、古文經學爭論再起，今文家康有爲倡僞古文經之說，視古文
經書爲僞作，並將《左傳》視爲古文經僞作的核心典籍，藉此貶低《左傳》
的經學價值，以推翻古文經與古文經學的地位，作爲提倡今文家《公羊》學
的方式。面對這樣的學術風潮，劉師培要提倡古文經學，首先必須證明古文
經的存在，《左傳》亦非僞作，以恢復古文經與古文經學應有的價值。

　　劉師培論述漢代古文經是源於孔子六經之學，並以古文經籍《左傳》與
今文經籍《公羊》、《穀梁》二傳之說相通，證明今、古文經有著相同的來源，
說明古文經非出自劉歆僞作。其次，針對今文家提出《左傳》爲僞作的各項
論據，劉師培也一一提出反駁，以維護《左傳》的地位，重新確立古文經的
地位與價值。再者，針對今文家抑古文以崇今文的方式，劉師培透過論述《左
傳》優於《公》、《穀》之處，說明古文經的價值，以闡述古文經與古文經學。

第一節　漢代古文經與《左傳》

　　清末，康有爲懷疑古文經的存在，在《新學僞經考》一書中，提出古文
經書皆來自劉歆僞作，而《左傳》則是劉歆僞作群經的起點：

> 歆思自樹一學，校書得左氏《國語》，以爲可借之釋經以售其奸，不
> 作古字古言，則天下士難欺，故託之古文，此歆以古文僞經之始也。
> 既已僞《左傳》矣，矣思徵驗乃能見信，於是遍僞群經矣。（《新學
> 僞經考・漢書劉歆王莽傳辨僞》卷六，頁 129）

康有為認為，《左傳》是劉歆採錄《國語》偽造而成的；為了使《左傳》成為可信的典籍，於是劉歆偽作群經。他又說：

> 按歆古文之學，其傳授諸人名，皆歆偽撰，而其發端，則自《左氏》始。……要言《左氏》者，本之賈護、劉歆，猶言《毛詩》本之徐敖。護、敖皆歆私人而已，本之劉歆，則不能誣耳。歆諸經皆託之於人，唯《左傳》則任之於己，以《左傳》為歆立偽經之根本，故不能託之人也。（《新學偽經考・漢書儒林傳辨偽》卷六，頁 122、123）

指出劉歆同時假造了《周官》、《左傳》以及《毛詩》等古文經書，並且虛構古文經書的來歷與傳承。總言之，他認為根本沒有所謂古文經書。通過否定古文經的存在，康有為徹底推翻古文經學在經學史上的地位。

康有為這種激烈的言論，使得時人懷疑古文經書的價值，劉師培認為這對經學研究危害甚大。所以他感嘆說：「嗚呼！經學之厄，未有甚於今日者也。」（《遺書・左盦外集・漢代古文學辨證》，頁 1613）大力反駁所謂「偽經」的說法：

> 至近人創偽經之說，扶今文而抑古文，於漢代古文之經均視為劉歆之偽作，而後人人有疑經之心。於典章人物之確然可據者，亦視為郢書燕說，吾恐此說一倡，則古文之經將廢。（同前）

他以為「偽經」之說的提出，目的在於提倡今文經或今文經學。提倡今文經或今文經學，本來不一定要否定古文經是可靠的，康有為卻以此為手段，劉師培恐怕這會造成古文經廢絕的惡果，而謂：

> 即今人之疑古文經者，陳其說而條辨之，以證古文經之非偽，世有君子庶幾不為讆言所奪乎！（同前）

針對康有為的論點，他主張《周官》、《左傳》以及《毛詩》等古文經，是研究六經之學最重要的典籍：

> 夫六經均先王舊典，先王用之以垂型，後儒賴之以考古，睹往軌而知來轍，舍此末由。然六經之所記者事也，舍事則無以為經。然記事之最詳者，莫若古文之經。如《周官經》、《左氏傳》是也。書之稍完善者，亦莫若古文之經，如《毛詩》是也。（同前）

劉師培認為六經是先王之治世垂型，尤其六經中的記事，更是後人知往鑑來的主要根據。而經文記事最詳者，就是《周官》和《左傳》等古文經書了。

因此，要保存先王治世之道，古文經的價值是不可忽視的。然而康有爲從根本上否定古文經的存在與價值，使得劉師培不得不針對這樣的言論提出反駁，恢復古文經學在經學上的地位，以解疑經之厄。

首先，劉師培說明古文經的來源，證明古文經書淵源其來有自，不是出自劉歆的僞造。他認爲今、古文經皆是淵源於孔子六經之學：

> 孔子之以六經教授也，大抵僅錄經文以爲課本，而參考之語，詮釋之詞，則大抵以口耳相傳。而講演之時，或旁徵事實，以廣見聞，或判斷是非，以資尚論，或雜引他說，以證異同。（《遺書·左盦外集·辨明漢代以前經無今古文之分》，頁 1613）

劉師培主張，六經經文是孔子傳授課業的教本。在教授的過程中，孔子自然會引用種種的資料詮釋六經。門人弟子各據所聞，把這些用作旁證的資料以及孔子詮釋六經之語記錄下來，就形成來源雖同而內容互有詳略的傳文。這些傳文都是出自孔子口授，是理解孔子六經之學的主要根據。劉師培描述這種情況說：

> 弟子各記所聞，故所記互有詳略，或詳故事，或舉微言，詳於此者，略於彼所記，既有詳略，因之而即有異同。然溯厥源流，咸爲仲尼所口述，此《春秋》所由分爲三，《詩經》所由分爲四也。（同前）

劉氏認爲，弟子記錄的詳略之異，是造成經文傳述分歧的主要原因。如《春秋》分爲《左傳》、《公羊》和《穀梁》三家，《詩經》分爲《齊》、《魯》、《韓》和《毛詩》四家，基本上是由於當時載錄的詳略與重點不同，事實上這些經說都來自孔子口授，切不可因爲有所分歧和差異而懷疑這些經籍不可靠。

今、古文經事實上是同一個來源的說法，劉師培認爲可以從《春秋》經分立三傳，但三傳有相通、甚至相同之處得到證明。他指出，戰國時代的荀子通三傳之學：

> 且戰國之時，荀卿兼通三傳，……〈王霸篇〉言公侯失道，則幽本于《左傳》，諸侯相執稱人之義，而〈致士篇〉言賞僭刑濫，則全引《左氏》全文，皆卿通《左傳》之證。（《遺書·左盦外集》，頁 1614）

戰國時代的荀子並通三傳之學，就是最好的實證。他從《荀子》的著作中，分別找出荀子引用《左傳》、《穀梁》和《公羊》之文字或文義的地方。

首先，在荀子〈王霸〉、〈致士〉等篇章中，有引用《左傳》之文者。如〈致士〉：

賞不欲僭，刑不欲濫。賞僭則利及小人，利濫則害及君子。若不幸而過，寧僭無濫，與其害善，不若利淫。（《荀子集解‧致士》，頁175）

其語幾乎全本於《左傳》襄公二十六年之文：

歸生聞之：善爲國者，賞不僭而刑不濫。賞僭，則懼及淫人；刑濫，則懼及善人。若不幸而過，寧僭，無濫。與其失善，寧其利淫。（《春秋左傳注》下冊，頁1120）

而且《荀子集解》也引盧文弨之語，認爲荀子是《左傳》先師：

此數語全本《左傳》，考荀卿以《左氏春秋》授張蒼，蒼授賈誼。荀子固傳《左氏》之祖師也。（《荀子集解‧致士》，頁175）

可見荀子通《左》學。此外，在〈大略篇〉中，則有本於《穀梁》之說者：

〈大略篇〉言誓誥不及五帝，言諸侯相見，使仁居守，均本於《穀梁》。而區分四民說，王者不壞太祖廟，均用《穀梁》之義，皆卿通《穀梁》之證。（同前）

如〈大略篇〉中有謂「詰誓不及五帝，盟詛不及三王」者（《荀子集解‧大略》，頁175），同於《穀梁》隱公八年「詰誓不及五帝，盟詛不及三王」之文（《穀梁疏》卷二，頁24），可知荀子之學亦有本於《穀梁》者。此外，後人傳述《穀梁》的師承，也往往包括荀子，可見荀子也傳《穀梁》學。如：

楊士勛《穀梁疏》云：穀梁赤授經于子夏，爲經作傳，授荀卿，卿傳魯人申公，是荀卿又傳《穀梁》之學也。（《遺書‧左盦外集》，頁1614）

至於《荀子》與《公羊》學的關係，清汪中早就指點出來：

汪容甫先生作《荀卿子通論》，論《荀子‧大略篇》言《春秋》賢穆公善胥命，以證荀子爲《公羊》之學。今觀〈王制〉篇，言桓公劫于魯莊，又言周公述職，事悉合於《公羊》。此卿通《公羊》之證。（同前）

因此劉師培認爲：

荀卿以一人而兼通三傳，足證三傳之學同出一源。故《荀子‧大略篇》所言「賻」、「賵」佐生，「贈」、「襚」送死，則三傳之義均同。〈君道篇〉言君者善群，即《春秋》善衛人立晉之義，亦三傳之義相同，是三傳當戰國之時，所記有詳略，而其義不甚懸殊，故觀荀

> 卿之兼通三傳，足證《春秋》先師于三傳無所軒輊，非若後儒之執
> 一廢百也。（同前）

荀子既稱述《左傳》之說，又通《公羊》、《穀梁》之說。因此，今、古文學
的經解基本上是不相衝突，甚至是相通的。

此外，劉氏又認爲各家經傳文字的差異，有些是在後世傳鈔過程因訛脫
而引致。根據這些有訛誤可能的經傳之文推斷某傳爲僞作，是很不可靠的：

> 如「魏曼多」之作「魏多」，明係脫文，而《公羊》家因《春秋》有
> 譏二名之例，遂疑「曼多」之作「多」，由於譏二名，此望文生意者
> 一也。（《遺書・左盦外集》，頁 1617）

根據《公羊》之說，哀公十三年經文作「晉『魏多』帥師侵衛」，傳文謂：「此
晉『魏曼多』也。曷爲謂之晉『魏多』，譏二名。二名，非禮也。」認爲經文
的記名，不同於七年「晉『魏曼多』帥師侵衛」者，乃是《春秋》寓有特別
旨意。然而劉師培認爲，這是《春秋》經文的脫文，不是經文本來面貌，而
《公羊》卻據此說義，顯然是望文生意。再者：

> 君氏作尹氏，由於君、尹古通，且係省文，而《公》、《穀》因周有
> 尹氏，遂以尹氏爲周卿，此望文生意者二也。三家之詩亦多類此。
> 若明於古經本同一源，凡經文此本與他本互歧者，均由傳寫之訛，
> 後人緣字生訓，又不見古文之文，故異說日多，然非孔子訂經之時，
> 即用兩說也。（同前）

隱公三年經文《左傳》爲「君氏卒」，以「君氏」是隱公之母。而《公》、《穀》
皆作「尹氏卒」，以「尹氏」乃天子之大夫。劉師培認爲《公》、《穀》不知
古時「君」與「尹」字通，遂將「尹氏」附會爲周大夫，也是二傳望文之失。
〔註1〕因此，劉師培認爲今、古文經的來源相同，但是由於著錄時的訛誤，
經過後人解古經文字時的望文生意而加以附益，由此而衍生出不同的訓釋，
說解隨之分歧，而經義的歧解亦由此日益擴大。

〔註1〕《春秋左傳注》論三傳「君氏」、「尹氏」之別謂：
　　　「尹」蓋「君」之殘誤字，《公》、《穀》蓋因字殘而誤。昭二十年（《左傳》）
　　　傳「棠君尚」，《釋文》云「君或作『尹』」；《荀子・大略篇》「堯學於君疇」，
　　　《漢書・古今人表》作「尹疇」，皆「君」、「尹」形近而誤。
　　　楊伯峻認爲「尹」應作「君」，基本上就是認同《左傳》的說法。此外楊氏又
　　　謂：「《春秋》除周王及魯侯外，列國諸侯以及卿大夫，其卒，常例皆書其名，
　　　而此尹氏若果爲周大夫，竟不書名，則不可解，以是可知《公》、《穀》之誤。」
　　　是以《公》、《穀》之說爲誤。

　　劉師培說明孔子學說分化成今、古文經的原因，以及今、古文經學同源的情況，以說明古文經書的淵源，確定經學史上的古文經書是其來有自，而非劉歆自樹一學的著作。然而，說明了古文經學的來源，卻不足以反駁康有為對古文經學價值的貶抑。

　　今文家質疑古文經學的價值，目的在於否定《左傳》在經學上的價值，從而樹立《公羊》傳在解釋《春秋》大義上的獨尊地位。所以除了廣泛地斷言古文經籍俱為偽作之外，更單獨地針對《左傳》，提出《左傳》為偽作的種種論據。因此，劉師培要維護《左傳》的地位，除了從經書的流衍、發展與分化說明古文經可靠之外，以維持古文經學的價值之外，還需要回應《左傳》為偽作的挑戰。

第二節　《左傳》偽作之疑

　　根據劉師培論述古文經學的淵源，加上現代學者錢穆曾論說劉歆不可能於短時間內遍偽群經（見其《劉向歆父子年譜》），因此古文經的存在首先是可以肯定的。但是古文經書的存在於漢代，並不表示現在所見《左傳》沒有偽纂的可能。

　　清代今文學者劉逢祿以《史記》為據，推斷現在的《左傳》，和漢代學者所看到的《左傳》不同。在《史記‧十二諸侯年表》載有太史公「於是譜十二諸侯，自共和訖，表見《春秋》、《國語》，學者所譏盛衰大指著于篇」之語，雖然劉逢祿也承認其中的「春秋」指的是《左氏春秋》，但是他認為：

> 此《春秋》、《國語》史公所據古文舊本，非〈藝文志〉所云《春秋》
> 古經十二篇，《左氏傳》三十卷者也。以年表所載事，實與今《左氏》
> 多違，知今本非史公所見之舊也。（《皇清經解‧左氏春秋考證》卷
> 一二九四，頁 9079）

以《史記》所謂的《左氏春秋》不是《左氏傳》，亦即現在的《左傳》不是太史公看到的《左氏春秋》。他主張《春秋左氏傳》從是劉歆《七略》才開始有的名稱，太史公所看到的《左氏春秋》與《春秋》不相涉之二書。他認為：

> 太史公時名《左氏春秋》，蓋與《晏子》、《鐸氏》、《虞氏》、《呂氏》
> 之書同名，非傳之體也。《左氏傳》之名，蓋始於劉歆《七略》。（《皇
> 清經解‧左氏春秋考證》卷一二九四，頁 9080）

劉逢祿認爲《左氏春秋》的性質與《晏子春秋》、《呂氏春秋》等書相類。

此外，劉逢祿也認爲《史記》上有關《左傳》的記錄，或是資料的採用有似於《左傳》者，是古《左傳》之遺，與今本《左傳》不同。在成公篇論《左傳》傳文「書先晉，晉有信也」時，他說明：

> 晉，中國之伯屈建，即不以詐而得主明，夫子何忍與之，固知《左氏》不必比附處，及眞舊文也。（《皇清經解·左氏春秋考證》卷一二九四，頁 9076）

認爲今本《左傳》非史公所見之舊，然而其中也有太史公所見的《左氏》舊文，這部分才是眞的《左傳》舊文。換言之，劉氏認爲今本《左傳》包括有古本《左傳》舊文，以及後人附益兩部分，而古本《左傳》與《春秋》是不相涉的兩部書。因此劉逢祿認爲，今本《左傳》，包括增篡的內容，因此它是否具有價值，相當値得商榷。

繼劉逢祿之後，康有爲更深入探討今本《左傳》的僞作問題。他認爲今本《左傳》是劉歆採舊五十四篇《國語》而成：

> 蓋《國語》五十四篇者，左邱明之原本也，歆既分其大半凡三十篇，以爲《春秋》傳，於是留其殘賸，掇拾雜書，加以附益，而爲今本之《國語》，故僅得二十一篇也。（《新學僞經考·漢書藝文志辨僞第三上》，頁 74、75）

認爲劉歆將舊本《國語》一分爲二，一部分成爲現在的《春秋左氏傳》，一部分成爲今本《國語》。他也認爲：

> 劉申受《左氏春秋考證》知《左氏》之僞，攻辨甚明，而謂《左氏春秋》，猶《晏子春秋》、《呂氏春秋》直稱《春秋》，太史公所據舊名也。冒曰《春秋左氏傳》，則東漢以後之以訛傳訛者矣。（同前，頁 75）

太史公也簡稱《呂氏春秋》、《晏子春秋》等書爲《春秋》，是以原本的《左氏春秋》與《春秋》經無關，將《左氏春秋》視爲《春秋左氏傳》，則爲後世之誤。因此，《史記》以《春秋》稱《左氏春秋》的種種言論，都和今本《左傳》無關。然而除了名稱上的假冒之外，康有爲也不否認《史記》中有著和今本《左傳》相合的言論，認爲學者：

> 或者惑於《史記·十二諸侯年表》「《左氏春秋》」之說，及《左氏微》信《左氏》之傳經，且以史遷引《左傳》書法，《左傳》多與今學之

禮相合爲證。（同前，頁 78）

但是康有爲認爲這些「《史記》之文，多歆竄入。」（同前）因此，今本《左傳》即使有和《春秋》書法相關者，也都是劉歆僞作之文。

綜上所論，劉逢祿和康有爲都認爲，《史記》說及「春秋」是指《左氏春秋》，不同於今本《左傳》，是與《春秋》無關一部舊文史書。部分《左傳》是舊史記錄，可就《史記》中有史事記載爲依據，不必盡以《左傳》爲僞。而〈十二諸侯年表〉中所謂左丘明作《左氏春秋》以傳經的說法，根本都是劉歆僞纂而來的。因此，在今文家看來，《左傳》是一部「僞中有眞」的書。梁啓超《古書眞僞及其年代》中說明《左傳》的性質，原與《呂氏春秋》、《晏子春秋》相同，但後來體例變，使得精神全變，是其內容不盡僞而書名僞。可具體代表劉、康等對《左傳》的看法。

今文學者主要是透過《左傳》的經文分篇、續經、經傳不合，以及有增纂的解經語等問題，證明今本《左傳》書是經過僞纂的傳經之作。換言之，今文學者從《左傳》的經文分篇、續經、經傳不合等問題，質疑今本《左傳》的內容與《春秋》經的關係，再提出今本《左傳》的解經語是後人增纂之文，全面的否定《左傳》的價值。面對今文學者對今本《左傳》的質疑，劉師培欲恢復其價值，必須證明當中並沒有僞纂的內容。他說明今本《左傳》與《春秋》的關係，對《左傳》中的經文分篇、續經和經傳不合等問題提出合理的解釋，並論述今本《左傳》與漢代《左傳》是同一傳本，因此解經語亦非後人附益的證據，以推翻今文學者的說法。

首先，今文學者劉逢祿認爲古文經的分篇有問題：

> 又云劉歆顛倒五經，使學士迷惑，因《公羊》博士在西漢最爲昌明，故不敢顯改經文，而特以秘府古文書經爲十二篇，曰「《春秋》古經」。不知《公》、《穀》、《鄒》、《夾》皆十一篇。（《皇清經解·左氏春秋考證》卷一二九四，頁 9069）

他認爲《左傳》古文經爲十二篇，而《公》、《穀》、《鄒》、《夾》等皆十一篇，顯示《左傳》的分篇有問題。康有爲亦謂：

> 其云《春秋》古經十二篇，蓋歆之所妄分也。云經十二卷，注曰《公羊》、《穀梁》二家，則《公》、《穀》相傳皆十二篇，……歆古經十二篇，或析閔公爲一篇，或附續經爲一篇，俱不可知，要皆歆之僞本也。（《新學僞經考·漢書藝文志辨僞》卷三上，頁 74）

他提出《左傳》經文的分篇問題時，指出《左傳》的分篇不同於《公》、《穀》的主要原因，在於將《公》、《穀》中莊公、閔公的經文分開。劉、康認爲《左傳》經文的分篇上不同於《公》、《穀》，乃是劉歆僞作《左氏傳》以比附《春秋》經文的痕跡。

然而《左傳》與《公》、《穀》的經文分篇雖然不同，三傳經文卻沒有因爲分篇不同而產生內容上的差異，是以不影響傳文對經義的說明。劉師培並未對分篇問題加以說明，乃是由於《左傳》經文的分篇異於二傳，並不影響傳文的說解內容，以至於《左傳》的傳經性質。換言之，《左傳》是否傳經，是屬於內容上的問題。

照道理，傳是經的解釋，傳的論述範圍，應以經的範圍爲標準。孔子爲《春秋》的作者，則《春秋》紀綠所及，必定限於孔子生時。所以《公羊》、《穀梁》二家的《春秋》經文止於哀公十四年，傳文也止於這年。而《左傳》所載經文竟長至哀公十六年，在此年的經文中特書「夏四月己丑，孔丘卒」。這顯然不是孔子所作。今文家認爲這是《左傳》成者之「續經文」。劉逢祿認爲：

> 孔子生卒謹書於傳記宜也，而附於經，則經爲夫子家矣。夫子作《春秋》，游夏不能贊一辭，不識後有劉歆之徒，狂悖如此。（《皇清經解‧左氏春秋考證》卷一二九四，頁 9079）

隨意增續的經文，正是《左傳》爲僞作的證據。

針對續經的問題，劉師培在《春秋左氏古例詮微》中特著〈續經篇〉，以辯今文家指《左傳》妄續經文之難。其謂：

> 賈逵以「小邾射」以下，爲弟子所記。服虔說曰，《春秋》終於獲麟，故小邾射不在三畔人中也。弟子欲明夫子作《春秋》以顯其師，故書「小邾射」以下至「孔子卒」。……蓋經繇孔筆，惟徵斯信，非因卒揭名，事弗宣顯，欲昭孔歿，經必纂修。（《遺書‧春秋左氏傳古例詮微》，頁 389）

劉師培據賈服舊注，《左傳》明載孔子卒的經文，爲孔子弟子所記，欲顯《春秋》爲孔子所修經書，而《公》、《穀》之所以無此文，乃因二傳晚出，不及聞見也。此外，換一個角度來看，由傳文之續經，記孔子之卒等文，可以看出《左傳》對孔子重視。因此《左傳》特書孔子卒，反而說明了《左傳》與孔子關係密切。換言之，《左傳》的續經，不足以證明《左傳》是僞造之書，

反而可看出《左傳》對孔子的重視，及二者的關係。

其次，康有爲比較經文與《左傳》，發現《左傳》傳文不完全配合經文的解釋。其中有經有傳無的現象：

> 《左氏春秋考證》隱公篇「紀子帛莒子盟密，證曰『如此年《左氏》本文盡闕。『六月戊申，證曰『十年《左氏》文闕』桓公篇元年，證曰『是年《左氏》文闕。』……又觀各條，劉申受雖未悟《左傳》之摭於《國語》，亦知由他書所采附，亦幾幾知爲《國語》矣。蓋經傳不相附合，疑其說者，自來不絕。（《新學僞經考・漢書藝文志辨僞》，頁 75、76）

認爲有《左傳》傳文未及解說的經文。因此就經傳不合的現象，更證明《左傳》是僞造之作。

《公羊》、《穀梁》二傳隨經文釋義解經方式，在敘述一段經文後隨之有傳文的說明。不同於二傳，今本《左傳》則是依編年分述傳文。部分《春秋》經文有載事之處，同年的《左傳》傳文卻沒有說明，或者經文未載之事，同年的傳文卻詳述之。如隱公五年傳文：

> 五月庚申，鄭伯侵陳，大獲。往歲，鄭伯請成于陳，陳侯不許。五父諫曰：「親仁、善鄰，國之寶也。君其許鄭！」陳侯曰：「宋、衛實難，鄭何能爲？」遂不許。
>
> 君子曰：「善不可失，惡不可長，其陳桓公之謂乎！長惡不悛，從自及也。雖欲救之，其將能乎！《商書》曰：『惡之易也，如火之燎于原，不可鄉邇，其猶可撲滅？』周任有言曰：『爲國家者，見惡，如農夫之務去草焉，芟夷蘊崇之，絕其本根，勿使能殖，則善者信矣。』」

傳文「君子曰」的部分是評論在鄭伯侵陳的事件中，陳桓公的不當行爲，但是鄭伯侵陳之舉，未見於同年的經文。因此，今文諸家認爲是作僞者強就傳文比附經文，卻造作不全的現象。

有關經傳不合的問題，今人趙光賢也作詳細的說明。他認爲如果《左傳》本來是解釋《春秋》的，則《春秋》有的記事，《左傳》都應該有所解釋。然而如桓八年，《經》有六項記事，《左傳》只有一項有著同一件事的記載，同時《左傳》有三項記事不見於經文。〔註2〕因此經傳的確有此無彼有，此有彼

〔註2〕桓八年之經文有六條：「八年春正月己卯，烝。」、「天王使家父來聘。」、「夏五月丁丑，烝。」、「秋，伐邾。」、「冬十月，雨雪。」、「祭公來，遂逆王后

無的現象。更有甚者，《左傳》所述及之史事，在《春秋》同一年中應有相關聯之記事，然而莊二十六年的紀錄，經傳全無關係，所以《左傳》和《春秋》就此而論，應是獨立的二部書。（參見《古史考辨》，頁138）

對於傳有經無，或傳無經有的現象，劉師培在〈明傳篇〉中提出說明。經文中的史事記錄簡略，劉師培認為《左傳》弼經的主要方式，就是對這些史事的實際狀況加以說明，是以：

> 傳詳經簡，所以抒行事而闡譏褒。傳有經無，所以明刊削，而昭簡擇。經文之例，遠略近詳，是以王室之爭，晉邦之亂，僖、文以上有傳無經。以傳勘經，類存微旨，其推錄列國君臣言行者，所以怊朗典禮，娛量衷正，辟朌觳之嫌，翕著明之悁也。凡所引延，均緣經例，即所論為經所弗筆，亦與經誼相因依，非徒博言廣記已也。
>
> 使所誌概因史冊，則有經無傳，史記疇存，使綴傳別無眇旨，則文經之傳，奚繫僖篇。（《遺書‧春秋左氏傳古例詮微》，頁390）

蓋《春秋》削刊的史文，遠略近詳，當時的政治局勢、事實狀況，由傳文補充著錄以資勘經，就此推類經文之旨。此外傳文採摭史冊之文以昭《春秋》之旨，而傳有經無正顯示經文刊削之例，傳所引錄之文，雖經文不載，也是從經例而立，是如文公之經，其史傳見之於僖公年間，俱行事之本末者。至於經有傳無，則是《春秋》沒有特別的意旨，故傳無需綴文。因此，劉師培認為傳有經無或經有傳無，是《左傳》說明經文而產生的特別現象，不足藉此證明《左傳》是偽造之書。

其次，劉、康等人以今本所見《左傳》，其解經語是經過後人篡改而成釋經之書的論述，劉師培首先要證明的是，漢代的傳本和現在所見是同一本《左

于紀。」

《左傳》傳文記事則有四項：「八年春，滅翼。」無關於同年經文。第二項，「隨少師有寵。楚鬭伯比曰：『可矣。讎有釁，不可失也。』夏，楚子合諸侯于沈鹿。黃、隨不會。使薳章讓黃。楚子伐隨。軍于漢、淮之間。季梁請下之：『弗許而後戰，所以怒我而怠寇也。』少師謂隨侯曰：『必速戰。不然，將失楚師。』隨侯禦之。望楚師。季梁曰：『楚人上左，君必左，無與王遇。且攻其右，右無良焉，必敗。偏敗，眾乃攜矣。』少師曰：『不當王，非敵也。』弗從。戰于速杞。隨師敗績。隨侯逸。鬭丹獲其戎軍，與其戎右少師。秋，隨及楚平，楚子將不許。鬭伯比曰：『天去其疾矣，隨未可克也。』乃盟而還。無關於同年經文。第三項「冬，王命虢仲立晉哀侯之弟緡于晉。」亦無關於同年經文。第四項「祭公來，遂逆王后于紀，禮也。」則與第六條經文相關。是四項傳文中，與三項與經文無關，而相對的有五條經文無傳。

傳》。他說明在西漢以前，《左傳》即爲士人所習用，如以賈誼《新書》中多
有本於《左傳》，與今本所見者同。其謂：

> 《新書·屬遠篇》云：「古者天子地方千里，公侯地百里。」案《左
> 傳》襄公二十五年云：「天子之地一圻，侯國一同。」此即〈屬遠篇〉
> 之所本也。〈淮難篇〉云：「白公成亂也，有白公之眾也。」案白公
> 之亂及白公得眾，均見《左傳》哀公十六年，此即賈生所本。……
> 又〈禮篇〉所言父慈子孝一節，本于晏子對齊景之言；〈容經〉所言
> 明君在上一節，本于北宮文子論威儀之言，其詞咸本於《左傳》。(《遺
> 書·左盦外集·五論西漢初年學者多治古文學》，頁 1622)

見賈誼常引用《左傳》中所載之事或引述其言詞，是漢初使用《左傳》之文
的證明。

然而若據劉師歆之言，先秦諸書或是《史記》是採用《左傳》之事，這
樣的說法只說明《左傳》的作用主要是在史料上的價值，仍無法反駁劉逢祿
的看法，以西漢初流行的《左氏春秋》非今本《左傳》的觀點。劉師培不同
意這個說法：

> 自漢博士謂《左氏》不傳《春秋》，近世治《春秋》者重燃其焰。今
> 考周季之書，所述《春秋》均指《左氏》。(《遺書·左盦集·左氏不
> 傳春秋辨》，頁 1447)

認爲先秦提及《春秋》者，是指傳《春秋》的《左氏春秋》，例如：

> 《韓詩外傳》載荀子謝春申君，書引子圍崔杼弒君事，稱爲《春秋》
> 之記，《韓非子·姦劫弒君篇》述此二事亦稱《春秋》之記，一也。
> 《國策》二十四，記魏說趙王引晉人伐虢、取虞事，又言「《春秋》
> 書之，以罪虞公」，即本《左氏》罪虞之誼，二也。《國策》十七，
> 記虞卿謂春申君曰「《春秋》，於安思危」，即《左傳》「居安思危」
> 語，三也。《呂氏春秋·求人篇》曰：「觀於《春秋》，自魯隱公以至
> 哀公十有二世，其所以得之，所以失之，其術一也。」又曰：「虞用
> 宮之奇，吳用伍子胥之言，此二國者，雖至於今存可也。」案子胥
> 諫吳王，其語惟詳於《左氏》，四也。是則戰國儒生均以《左傳》即
> 《春秋》，斯時《公》、《穀》未興，《春秋》之名，僅該《左氏》，漢
> 臣不察，轉以《左氏》不傳《春秋》，不亦惑歟！(同前)

在先秦諸書中如《韓詩外傳》、《國策》中與《左傳》內容相關的記錄，或記

事本於《左傳》，或理義本於《左傳》，或用語本於《左傳》，這些皆可得見於今本《左傳》，那麼先秦、西漢以來的《左傳》就是同一個傳本。

但是，劉逢祿基本上仍承認《左傳》的部分內容可以爲眞，只不過這部分的內容，作用不在於解釋《春秋》大義。因此，爲了證明《左傳》是一部僞書，他們認爲今本《左傳》具有解經性質的部分，都是經過劉歆的篡改，或是後人的附益。如今本《左傳》中有「書曰」、「君子曰」等解經語：

> 凡「書曰」之文皆歆所增，或歆以前已有之，則亦徒亂《左氏》文采，非傳《春秋》也。……凡引「君子」之云，多出後人附益。（《皇清經解・左氏春秋考證》卷一二九四，頁 9069、9070）

劉逢祿認爲《左傳》中凡「書曰」，皆劉歆所增，或在劉歆之前已有，「君子曰」也是後人附益的，以《左傳》中的凡例、「書曰」、「君子曰」之類的解經、論斷之語，都是後人或劉歆附益，非《左傳》眞貌。

劉師培認爲「書曰」、「君子曰」等解經語原本就是《左傳》的一部分，這些評論語可見於先秦諸子書中。在《韓非子》、《呂覽》，當中史文有許多引《左傳》敘事的段落，除了敘事的史文資料多本《左傳》之外，有許多論斷之語，也是引自《左傳》。例如《韓非子・難四》中記鄭弑昭公之事，其論斷語皆本於《左傳》：

> 鄭伯將以高渠彌爲卿，昭公惡之，固諫不聽。及昭公即位，懼其殺己也。辛卯，弑昭公而立子亹也。君子曰：「昭公知所惡矣。公子圍曰：「高伯其爲戮乎！報惡已甚矣。」（《韓非子集釋・難四》，頁 878）

見《左傳》桓公十七年文：

> 初，鄭伯將高渠彌爲卿，昭公惡之，固諫，不聽。昭公立，懼其殺己也，辛卯，弑昭公，而立公子亹。君子謂：「昭公知所惡矣。」公子達曰：「高伯其爲戮乎！復惡已甚矣。」（《春秋左傳注》，頁 150）

《韓非子》與《左傳》桓公十七年之文相較，兩者相差無幾。是戰國之時者咸據《左傳》的說義爲文。又如《晏子春秋・內雜》中：

> 君子曰：「仁人之言，其利博哉！晏子一言，而齊侯省刑。《詩》曰：『君子如祉，亂庶遄已』，其是之謂乎！」

全同於昭公三年的傳文：

> 君子曰：「仁人之言，其利博哉！晏子一言，而齊侯省刑。《詩》曰：『君子如祉，亂庶遄已』，其是之謂乎！。」

由此可見，《左傳》中「君子曰」的部分至少不會是劉歆所作，而為先秦諸家已共見者。

劉師培認為《左傳》在先秦就已流傳開來，因此其著錄成書應是更早於口傳的《公》、《穀》、二傳，所以可以在先秦諸書中找到引用《左傳》語的痕跡。今人劉正浩繼此說著《周秦諸子述左傳考》，凡見於《論語》、《孟子》、《荀子》以及《墨子》、《老》、《莊》、《管》、《晏》、《韓》、《呂氏春秋》等先秦諸書中，與《左傳》有關者，依編年條舉並列之，證明《左傳》大行於戰國時。其中《韓非子》和《呂氏春秋》引《左傳》語最多，以二書晚出，所載有許多是本於《左傳》。〔註 3〕更值得注意的是對於諸書所引《左傳》者，不僅錄其史文，亦重其義，以及論斷之語。

然而先秦諸書的內容大致同於《左傳》有二種可能，一是《左傳》雜抄諸書，一則諸書引用《左傳》。根據高本漢對於《左傳》語法的研究，認為：

> 《左傳》有一律的文法，……這種文法絕不是一個後來的偽造者所能想像或實行的，所以這一定是部真的書，是一個人所作的，或者是屬於一派和一個方言的幾個人作的。（《左傳真偽考及其他》，頁95）

因此，《左傳》的主要內容，包括述史的部分及與之緊密結合的解經語，是很有可能出於一人之手，在這樣的情況下，應該是諸書引用《左傳》之文。因此，史公所見古文經《左傳》，也就是古文《呂氏春秋》，亦即《春秋左氏傳》，也就是今本的《左傳》。

第三節 以《左傳》為代表的古文經學價值

劉師培認為，古文經學和今文經學同樣是來自已孔子學說，但是後世的學者卻不重視古文經學的價值，反而貶低古文經學的價值。他說：

> 夫近儒之闡古文，必援引今文以為重，以今文為是，故以古文為非。
> （《遺書・左盦外集・十總論》，頁 1631）

認為學者援今文以闡古文，以古文為非，是忽視古文經學優於今文經學之處。因此在《左傳》非偽作的前提下，劉師培以《左傳》為例，進一步說明古文經優於今文經學之處。他比較今古文經書在著錄與傳授上的不同現象，指出

〔註 3〕參見其〈周秦諸子述左傳考序〉。

今文家說之遜於古文家說者有四，一為晚出，二、誕妄，三、口授，四、分歧。

　　首先，劉師培從著錄時代的先後，來說明《左傳》優於《公羊》、《穀梁》。其謂：

> 惟就漢代之經術觀之，覺經學之中古文為優，而今文遜于古文約有四事。一曰晚出。如《春秋》三傳，《穀梁》引尸子之言，尸子當孝公時，則《穀梁》之成書遠在《左氏》之後。《穀梁》引魯子之言，僅稱為子，而《公羊》則稱為子魯子，則《公羊》之成書又遠在《穀梁》之後，此《公》、《穀》後于《左氏》之證……。此今文遜于古文者一也。（《遺書·左盦外集·十總論》，頁 1631）

說明在《公羊》中引「魯子」之言，稱「子魯子」，加上了敬稱，在《穀梁》中則直接稱「魯子」，就這樣的行文看來，《公羊》的著錄時代應該晚於《穀梁》。其次，在《穀梁》中有「尸子」之言，尸子是秦孝公時人，這樣的引言不見於《左傳》，劉師培認為是《左傳》的著錄時代早於秦孝公，而不及載此，因此《公》、《穀》的著錄時代應晚於《左傳》。

　　此外，劉師培在其他篇章中，對於《左傳》的著錄時代早於二傳的論點，又證以不同的理由，他說：

> 《公》、《穀》兼用「或」詞，《公羊》所云「其諸」與「或」者同。亦有直言無聞者，又宣夫人公子喜時諸條，《左傳》所載至詳，《公羊》則均言未知。宣二年勇士，《左傳》明言「靈輒」，《公羊》則言「勇士某」，此即劉歆所謂傳聞與親見不同也。故《公羊》作傳僅著所知，不以傳言為得實，若於《左》、《穀》之說有所聞，則亦並陳其說，《穀梁》於《左傳》亦然。如莊三年葬桓王，《穀梁》云「改葬」也，或曰「卻尸」以求諸侯，所云「卻尸」即《左傳》緩葬說。僖三十三年敗秦師，《穀梁》云先軫，《公羊》則云先軫也，或曰襄公親之，蓋稍聞《左傳》子墨衰絰說，故隱著其詞，此均《公》、《穀》習聞《左傳》說之證也。又成元年王師敗績於茅戎，《左傳》言敗績於徐吾氏，《穀梁》言晉敗之，《公羊》則云蓋晉敗之，或云貿戎敗之，一本《穀梁》，一本《左傳》，於所聞《穀梁》說亦著蓋詞，則《穀梁》後於《左傳》，《公羊》後於《穀梁》，復何疑乎？（《遺書·左盦集》卷二，頁 1446、1447）

認為從行文的語氣詞上，如《公》、《穀》用「或」等不肯定的語詞作敘述，可以看出《公》、《穀》後於《左傳》的痕跡。比較明顯的是，有些史文敘述，《左傳》載事甚詳，而《公羊》、《穀梁》竟未聞之，或意有所隱，劉師培認為這些都是《公羊》、《穀梁》距古已遠的傳聞之失，而《左傳》是近於《春秋》的著作，是以敘述完整的明證。

我們從三傳的行文上作比較，確實有如劉師培所述的現象，例如在《公》、《穀》二傳的論說中，時常有「古者」，「古制」等的語氣，不同於《左傳》直論的口吻，如宣公十五年經文「初稅畝」，《左傳》：「初稅畝，非禮也，谷出不過藉，以豐財也。」《公羊》：「稅畝者何？屨畝而稅也……古者什一而藉」。《穀梁》：「古者什一，藉而不稅，……」諸如此類的行文方式。這些現象正說明《左傳》的著錄時代，是早於二傳的。

劉師培謂今文學遜於古文學的第二個原因：

> 二曰妄誕。今文家言多雜讖緯，而讖緯之說出于陰陽家，本為儒家所弗道，故近人言漢儒之學與方士合。今觀董仲舒祀女媧，李尋信甘忠包元十二經，及其末流，又變為符命，雜仙術神術為一，談合術數六藝為一軌，非惑世誣民，且失經義之本真，豈若古文之通故訓，詳故事乎？此今文遜于古文者二也。（《遺書・左盒外集》，頁1632）

認為讖緯之說，為先秦儒者所不用，但董仲舒卻將之雜入今文學，使得今文經說混合了陰陽之說，而失去了經義之真，不若古文經通故訓、詳記事的徵實特色。

其次，第三個原因：

> 三曰口授。如《公羊》之經，由高至壽五世相傳，均憑口授，自胡毋生始著竹帛，而伏生之傳《尚書》也，亦以年逾耄耄，使其女口傳疊錯。夫既憑口授，則輾轉相傳，于經文必有增損，且俗語方言雜糅于經文之內，致正字易為借字，而古義漸淪，若古文之經則有竹帛可憑，與僅憑口授者不同。古人有言，百聞不如一見，今文之學得之耳聞，古文之學得之目見，此今文遜于古文者三也。（同前）

劉師培認為，由於今文經的傳承，大部分是以口授的方式，而口授之學著錄於文字時，如《公羊》五世以口授相傳，除了經文上有所增損之外，在傳授時容易有俗語方言的雜入，改易了正字，產生許多訛誤，造成古義淪喪。劉

師培在〈周季諸子述左傳考〉中，舉出今文本訛誤的例子：

> 昔在周季，吳子、荀子均爲《左傳》先師，故語多述傳。然戰國諸
> 子所述之事不必盡與傳符，其有本傳爲說，及與傳說互明者，恆足
> 證今本文字之訛，並足徵後儒訓詞之誤。如文元年，「以宮甲圍成
> 王」，《韓非子》述其事，作於是乃起宿營之甲，營與環同，宿營之
> 甲，即《左傳》下文之「環列」。蓋商臣從潘崇謀，以宿營之甲助其
> 篡，故以「環列之尹臣崇」傳作「宮甲」，「宮」蓋「營」之訛文也。
> 僖五年「唇亡齒寒」。《呂氏春秋‧權勳篇》述其語，作「唇竭齒」，
> 《莊子‧胠篋篇》同，《國策‧韓策》作「唇揭」，高注云：「揭猶反」，
> 蓋「揭」訓高舉，「唇揭」則齒靡所蔽，故曰「齒寒」，傳作「唇亾」，
> 「亾」乃「揭」之壞字也。（《遺書‧左盦集》，頁1447）

在《左傳》和《公羊》、《穀梁》所敘述的相同事件中，詞語使用時有不同，
劉師培根據先秦諸書的敘述，其詞語的使用皆同於《左傳》，而異於二傳，很
可能是今文經本的訛誤。因此在傳本上，今文經不若古文經著之於竹帛，有
文本可憑，可靠性較高。

第四個原因：

> 四曰分歧。如古文《左傳》僅一派也，而今文《春秋》則有《公》、
> 《穀》二派，《公》、《穀》二家立義不同，當漢武宣之時互相競執。
> 《毛詩》古文僅一派也，而今文之《詩》則有《齊》、《魯》、《韓》
> 三家。《齊詩》排《魯》，《魯詩》殊《齊》，《韓詩》又多引《春秋》
> 雜說。古文《尚書》僅一派也，而今文《尚書》則析爲《歐陽》，大、
> 小《夏侯》三家，各立博士以授其徒，而夏侯建復牽引五經，具文
> 飾說，此皆今文分歧之證。既曰紛歧，則說經必雜以己見，與篤守
> 師傳者不同，此今文遜于古者四也。（《遺書‧左盦外集》，頁1632）

劉師培認爲今文經說本身分成許多派別，說法多有分歧。如古文《左傳》僅
一派也，而今文《春秋》則有《公》、《穀》二派，兩者立義不同，當漢武宣
之時互相競執。《毛詩》古文僅一派也，而今文之《齊詩》排《魯》，《魯詩》
殊《齊》，《韓詩》又多引《春秋》雜說。因此今文經之立義多有分歧，不若
古文經之同一。

劉師培主要從經籍錄著的時代，說明古文經優於今文經之處，卻不能就
此而論斷古文經之說義優於今文經說。其次，就第三點劉師培認爲今文家說

雜有讖諱，但是《左傳》經過東漢學者賈逵的說解，也富有漢儒讖緯的色彩，是以漢代今古文學說多少雜入陰陽讖緯之說應是學風所致，爲漢代學術的普遍現象。再者，今文經說雖有分歧，也不必定表示沒有分歧的古文經說優於今文經的任何一說。雖然如此，劉師培從經籍的傳本上，說明古文經確實較古文經的訛誤爲少，而較今文經爲佳之處。

　　康有爲透過視古文爲僞經的手段，企圖顛覆古文經在經學史上的地位，作爲提倡今文經學的方式，而立論的核心，就是《左傳》的眞僞問題。應對康有爲對古文經的非難，劉師培首先客觀的說明古文經和今文經一樣，皆來自孔子的六經之學，初步反駁康有爲將古文經視爲劉歆僞造之說。再者，證明今本《左傳》就是先秦諸子、西漢學者，以及太史公所見《左傳》，確定《左傳》的內容並沒有經過劉歆僞造，也沒有後人的附益的部分。藉此說明現在的古文經書不是冒名僞纂而來，和先秦、西漢學者看到的古文經內容相同，推翻康有爲以古文經的內容爲劉歆僞造的論點。繼而劉師培將《左傳》較之《公羊》、《穀梁》之文，說明在今、古文經來源相同的情況下，古文經有可靠的傳本，因此據之以說孔子六經之學，相對也優於今文經學。

　　然而古文經即使如劉師培所言，有可靠的傳本作爲經說的根據，澄清了清代今文家以古文經爲僞書的看法，但是仍不足說服今文家，古文經是傳孔子的六經之學。今文家的看法，具體表現在對《左傳》是否傳《春秋》經的質疑上。

第三章 《左傳》與《春秋》

　　劉師培認爲《左傳》是傳授孔子六經之學的典籍，其目的在傳解《春秋》大義，因此要了解《左傳》的性質，必須先說明《左傳》與《春秋》的關係。

　　漢代今文家從經籍作者與傳承考證上，主張《左傳》並非祖述孔子之學。針對此說，劉師培也就《左傳》作者及其傳承經過提出說明，證明《左傳》與孔子《春秋》的關係密切。其次，由於《左傳》與《春秋》的關係密不可分，要了解《左傳》的性質，必須說明其與《春秋》的關係，而這又涉及對《春秋》性質的認定。因此，劉師培透過論述《春秋》的實質內容以及經傳的特殊表現方式，以說明《左傳》的傳經性質。

第一節 《左傳》的作者與傳承

　　漢代今文家反對《左傳》立於學官，其理由如范升所言：

> 《左氏》不祖孔子，而出於丘明，師徒相傳，又無其人。……今《費》、
> 《左》二學，無有本師，而多反異。（《後漢書・范升傳》卷三六，
> 頁 1228）

認爲《左傳》出自左丘明，不是祖述孔子之學，師承上也有問題，而「五經之本自孔子始」（同前，頁 1229），因此《左傳》不宜立於學官。換言之，范升從傳承上否定《左傳》與孔子的關係，因此也不承認《左傳》具有傳解《春秋》的性質。劉師培認爲這樣的言論，影響後世甚鉅：

> 自漢博士謂《左氏》不傳《春秋》，范升謂「《左氏》不祖孔子而出，
> 丘明師徒，相傳又無其人。」晉王接遂謂「《左氏》贍富，自是一家

書，不主爲經發。」近儒武進劉氏遂據此以疑《左傳》。(《遺書‧讀左劄記》，頁 351)

認爲學者質疑《左傳》的解經性質，主要是根據漢儒的言論，而以《春秋》和《左傳》各自成書，是沒有關係的兩部書。是以，劉師培透過澄清學者對《左傳》傳承上的質疑，說明《左傳》與孔子《春秋》的關係。

劉師培主要引用《史記》和《漢書‧藝文志》的說法，說明《左傳》的作者及傳承經過。在作者方面，劉師培謂：

> 〈史記‧十二諸侯年表序〉云孔子西觀周室，論史記舊聞，次《春秋》，七十子之徒口授傳指，爲有所刺譏褒諱，抑損之文，不可以書見，左丘明懼弟子人人異端，各安其意，失其眞，因孔子史記，具論其語，成《左氏春秋》。則丘明爲《春秋》作傳，史公已明言之。
>
> (《遺書‧讀左劄記》，頁 351)

認爲《左傳》的作者，就是《史記》中記載的左丘明。

然而康有爲主張《史記》中說明《左傳》與《春秋》的關係，是劉歆假造之文；《史記》以左丘明爲《左傳》作者，並說明左丘明作傳之意的說法，說有可疑：

> 考文翁孔廟圖、《史記》記仲尼弟子傳，無左丘明。且《左傳》稱悼四年，據《史記‧六國表》，悼公之薨，在獲麟後五十餘年，則丘明在孔子後遠矣。豈七十子學成德尊，所存者不足據，而非弟子之邱明，反足據乎？(《新學僞學考‧史記經說足證僞經考》卷二，頁 31)

認定《左傳》的作者左丘明不是孔子弟子，因此左丘明的《左傳》必不如孔子弟子所傳的孔子學。

其實有關《左傳》作者，向來的討論很多。懷疑《左傳》的作者不是魯君子左丘明者，如清人姚鼐認爲，《左傳》對於魏國事敘述尤多，所以作者可能是吳起(〈左傳補注序〉)；或如今人趙光賢認爲，認爲《左傳》中的記事或者與《春秋》的經意不合，或者與孔子思想不合，所以不是「受經於仲尼」的左丘明，而是魯國左氏某人(《古史考辨‧左傳編撰考》，頁 178)。然而無論《左傳》作者是不是親受於仲尼的左丘明，左丘明是不是孔子弟子，或者《左傳》是不是左丘明所作，現在都沒有確實的證據可供論斷。在這種情況下，康有爲不足以推翻《史記》的說法，藉著說明《左傳》作者和孔子沒有關係，論斷《左傳》的內容與《春秋》無關。同樣的，《史記》對《左傳》作

者的敘述,其實也不足以證明《左傳》的內容與《春秋》經絕對有關,因爲這些敘述只能說明《左傳》作者和孔子有關係,卻不能說明《左傳》的內容相關於《春秋》經。

在傳承方面,劉師培主要根據《漢書‧儒林傳》的說法,〔註1〕說明《左傳》的傳授過程。劉師培認爲《左傳》有二種不同的傳本,秘府本和民間傳本是皆來自張蒼,是同一傳本,另外有孔子宅壁的傳本,各由學者得見而嫻習之。

首先,有關秘府本的傳授,劉師培認爲:

> 《左氏》經傳得之漢初,自張蒼受業荀卿,傳《左氏》學。漢興,獻《春秋左氏傳》,此西漢秘府有《春秋》古經及《左傳》之始,蓋在高帝之時。故高祖之詔引其文,叔孫通之倫並采其說以制禮,下迨文帝詔書,武帝制令,哀帝封冊,咸述其文,漢廷有司亦持以議禮,此即張蒼所獻之書,亦即劉歆所謂《左氏春秋》。丘明所修,皆古文舊書,多則二十餘通藏於秘府,伏而未發者也。(《遺書‧左盦集》,頁1448)

劉師培根據《左傳正義》引劉向《別錄》,敘《左傳》爲荀卿授張蒼的說法,以及〈說文解字敘〉以《左傳》爲張蒼所獻的說法,認爲漢初傳《左傳》者爲張蒼,因此《春秋》古經和《左傳》是出現在漢高祖的時候。如叔孫通有採用《左傳》之說者,之後又如文帝的詔書、武帝制令,以及哀帝封冊,〔註2〕皆有引自《左傳》之文。這些都是採用張蒼所獻的《左氏傳》。但由於被朝廷藏於秘府,所以這個本子沒有廣爲流傳。

〔註1〕 《漢書‧儒林》:「漢興,北平侯張蒼及梁太傅賈誼、京兆尹張敞、太中大夫劉公子皆修《春秋左氏傳》。誼爲《左氏傳》訓故,授趙人貫公,爲河間獻王博士,子長卿爲蕩陰令,授清河張禹長子。禹與蕭望之同時爲御史,數爲望之言《左氏》,望之善之,上書數以稱說。後望之爲太子太傅,薦禹於宣帝,徵禹待詔,未及問,會疾死。授尹更始,更始傳子咸及翟方進、胡常。常授黎陽賈護季君,哀帝時待詔爲郎,授蒼極陳欽子俠,以《左氏》授王莽,至將軍。而劉歆從尹咸及翟方進受。由是言《左氏》者本之貫護、劉歆。」

〔註2〕 劉師培說明文帝、武帝和哀帝採行《左傳》之說,以制行冊令的例子:
文帝詔書。如文紀二年日食求賢,詔載「天生民,爲之置君」二語是也。武帝制令。《史記‧三皇世家》載大司馬去病等,《疏》引制曰:康叔親屬有十,而獨尊褒有德也。此本《左氏》定四年傳。哀帝封冊。〈王嘉傳〉載封董賢,詔引晉文憚子玉事。(《遺書‧左盦集》,頁1448)
證明《左傳》之學確存於西漢朝廷。

繼而劉師培說明，雖然《左傳》有藏於朝廷秘府者，但是張蒼既得其書，對《左傳》有所研究，是以其書亦行於民間：

> 其行于民間者，則張蒼既獻其書，復作《曆譜五德》，又作《張氏微》十篇，以授賈誼。誼作《左氏傳訓故》，遺書具見賈子《新書》。賈氏世傳其業，誼兼授貫公，此古文經傳傳於民間者，蓋與秘府所藏相合。（《遺書‧左盦集》，頁1448、1449）

《左傳》行於民間的本子，其傳授者包括有賈誼、貫公，這個本子和朝廷秘府所藏的本子相合。劉師培認為張蒼授賈誼《左傳》，因此賈誼《新書》中如〈屬遠〉、〈淮難〉、〈禮篇〉、〈容經〉等篇章載有《左傳》之說。（詳述見第二章第二節）

除了張蒼的傳本外，還有另一種傳本：

> 及魯恭王壞孔子宅，得《春秋》古經，並得《春秋左氏傳》，蓋未獻秘府，為安國輩所藏，故孔臧亦見其文。嗣司馬遷為太史令，紬史記金匱石室之藏，讀《春秋》古文，又與嘉通書，從安國問政。故《史記》述《左傳》特詳，蓋秘府所藏之書，賈、孔所傳之說，惟史遷克以兼通也。（《遺書‧左盦集》，頁1449）

這個傳本在魯恭王壞孔子壁後才出現，為孔安國、孔臧所見。劉師培認為，太史公《史記》記述《左傳》之文特詳，證明太史公可以見到朝廷秘府的藏本，又從賈誼之孫嘉，得知民間傳本，也從安國問政，因此太史公看到了各種傳本，而可以兼通《左傳》之學。

劉師培繼接著說明《左傳》傳承經過，同時也說明西漢學者兼通《左傳》、《穀梁》或《左傳》、《公羊》之學的情形：

> 又河間獻王好古學，亦立《左氏春秋》博士，博士即貫公，則河間所興之《左氏》，亦屬賈誼之傳。厥後賈嘉傳子捐之，貫公傳子長卿，長卿授清河張禹，說為蕭望之所善。禹傳尹更始。尹通《穀梁》，又受《左氏傳》，取其變理合者為章句，以傳子咸，並傳翟方進、古常、房鳳。方進授田終術，常授賈護，護授陳欽，欽授賈嚴、王茶。由更始以下，大抵以《左氏》通《穀梁》，與《公羊》家言相遠。（《遺書‧左盦集》，頁1449）

根據《漢書‧景十三王傳》的記載，謂河間獻王立《左傳》博士，劉師培據《漢書‧儒林傳》認為此博士為貫公，而貫公傳賈誼之學，故是傳民間傳本

者。而後授至尹更始，尹更始又通《穀梁》，自此，傳授者以《左傳》之學通《穀梁》。此外，也有以《左傳》通《公羊》者：

> 長卿又以學授張敞，敞傳子吉，敞女爲杜鄴母，鄴從吉學，得其家書，恆引《左傳》之說。竦爲敞孫，從學於吉，亦通《左氏》。自敞以下，大抵以《左氏》通《公羊》，不雜《穀梁》之說。此民間《左氏》學之區派別者也。（同前）

這些通《左傳》和《公羊》的學者，也是承自貫長卿。貫長卿授張敞，而自敞以下，兼通《左傳》、《公羊》之學。依據這樣的傳承過程，劉師培認爲：

> 由是而觀，則《左氏》之學，漢初、漢季再顯漢廷。文景以降，哀平以前，雖伏而未發，然民間傳習未嘗一日絕，則所謂《左氏》不傳《春秋》者，僅漢季博士之偏詞耳，奚足辯哉？（同前，頁 1450）

西漢時《左傳》雖不見重於官方研究，《左傳》在民間的傳授卻不曾間斷。再者，由學者兼通《左傳》、《公羊》，或《左傳》、《穀梁》的情況看來，《左傳》和二傳的關係是很密切，而不是相互對立、排斥的。

康有爲也針對《漢書·儒林傳》中的說法，提出《左傳》傳承上的質疑：

> 劉氏逢祿《左氏春秋考證》曰：「〈張蒼傳〉曰『好書律術』，曰『習天下圖書計籍，又善用算律術』，曰『蒼尤好書，無所不觀，無所不曉，而尤邃律術』，曰『著書十八篇』言陰陽律術事而已，不聞其修《左氏傳》也。」蓋歆以漢初博極群書者，唯張丞相，而律術及譜五德，可附《左氏》，故首援之。（《新學僞經考·漢書儒傳辨僞》卷五，頁 121）

據劉逢祿指出，〈儒林傳〉雖將《左傳》的師承托於張蒼，卻不見有關張蒼研究《左傳》的確實記載，因此這一部分的傳承當不可信。至於以賈誼爲《左傳》傳授者的看法，康有爲認爲：

> 〈賈生傳〉曰「能誦詩書屬文」，曰「頗通諸家之書」而已，亦未聞其修《左氏傳》也。蓋賈生之學……其所著述，存者五十八篇。〈大都篇〉一事，〈春秋篇〉九事，〈先醒篇〉三事，〈耳庳篇〉一事，〈喻誠篇〉一事，〈退讓篇〉二事，皆與《左氏》不合，唯〈禮容篇〉一事，似乎《左氏》，二事似采國語耳。蓋歆見其偶有引用，即誣以爲《左氏春秋》。（同前）

認爲賈誼《新書》中偶有與《左傳》之文同者，是劉歆僞造《左傳》時有引

自《新書》者。此外，如張敞亦傳《左傳》之說，康有為認為：

> 〈張敞傳〉曰，本治《春秋》，以經術自輔其政。其所陳說以《春秋》
> 譏世卿最甚，君母下堂，則從傅母，皆《公羊》義。非尹氏為聲子，
> 崔杼非其罪，宋共姬女而不婦之謬說也。（同前，頁122）

又以蕭望之傳《左傳》之說為證：

> 〈蕭望之傳〉曰「治《齊詩》」，曰「從夏侯勝問《論語》禮服，其
> 雨雹對以季氏專權，卒逐昭，伐匈奴對以大士，忙不伐喪」亦《公
> 羊》義。石渠禮論，精於禮服，未聞引《左氏》也。（同前）

這些學者皆是《公羊》學者，不見他們引《左傳》的記錄，因此這些《漢書‧儒林傳》所記載的《左傳》傳授者，都是來自劉歆的偽託。

康有為又言：

> 要之此數公者，於《春秋》、《國語》，未嘗不肄業及之，特不以為孔
> 子《春秋》傳耳。（同前）

認為賈誼、張敞、蕭望之等學者，對《春秋》、《國語》（康有為認為有古本《國語》）都有研究。照這樣的論述看來，康有為認為這些學者必定曾引用古本《國語》者，而他所謂的古本《國語》，內容大半見於今本《左傳》，是以這些學者有同於今本《左傳》之文者。然而如前所述，今本《左傳》不為偽書，因此賈誼、張敞、蕭望之等學者，習《左傳》之學是很有可能的。

為了反駁康有為的說法，劉師培提出傳自張敞者，採用《左傳》之說者：

> 竦為敞孫，從學於吉，亦通《左氏》。《漢書‧王莽傳》載竦為陳崇
> 艸，奏稱莽功德，所述包胥辭賞，成王封魯，及晉侯以樂賜魏絳事，
> 悉本《左傳》。（《遺書‧左盦集》，頁1449）

而且蕭望之也採用《左傳》之說：

> 然考《通典》八十九引石渠議，蕭對父卒母嫁為之何服，以子有貶
> 母之義，與《左傳》先儒論絕文姜合。又本傳所載雨雹對，與〈五
> 行志〉引劉向述《左傳》雹義合，此望之通《左氏》之證。（同前）

證明《漢書‧儒林》傳中所提傳授《左傳》的西漢學者，確實有據《左傳》以說義者。因此《左傳》的傳授經過，部分是可以得到證明的。

今文家藉由否定孔子授左丘明說，否定《左傳》為左丘明所作，而且藉由《左傳》傳承上的不明確，提出《左傳》與《春秋》無關的論點。劉師培也針對今文家的質疑，說明《左傳》作者以及傳承，但是這些說明皆屬於經

籍史的課題，猶不足以說明《左傳》內容上的價值。

第二節　《左傳》的性質

為說明《左傳》內容上的價值，劉師培具體說明《春秋》與《左傳》的關係，而說明經傳關係又必須涉及《春秋》性質的認定，這包括對《春秋》實質內容，以及對經傳表達特性的理解。

一、《春秋》的實質內容

今文家認為《春秋》是孔子改制之文，但劉師培卻認為《春秋》主要根據乃是周制禮文，是以對《春秋》與周禮的關聯方式詳加說明。

周代底定疆域之後，由周公立下政治規模，其制禮作樂開拓了周代的人文制度，而可為後世文明所依循的典範。孔子盛讚周代禮文隆盛，曾說「周監於二代，郁郁乎文哉！吾從周。」（《論語・八佾》）意謂周代集結歷史經驗以為教訓，累積夏殷以來的文明，是以周代文明為孔子所崇尚。而周代文明的主要內涵，劉師培認為就在於禮文制度：

> 儀字古文作義，《周禮・肆師》故書，治其禮儀，典命掌諸侯之五。
> 義均即儀也。《禮記・中庸》：「禮儀三百，威儀三千。」《周禮・司
> 徒》故書以儀辨等。（《遺書・左盦集》卷三、頁1455）

依據劉師培看法，儀就是義，義就是每人之所應行，依職分的劃分各有其等，由節儀之習行，以辨其等，同時亦藉此知其分際，知明所宜，避免逾越其分，混亂社會秩序。因此，禮儀所代表的就是依於各人職分，所應具之行為舉止，同時也具有顯示各人地位分際的功能，就此建立社會秩序。易言之，周人社會秩序的維持，就在基於個人職分，由表現分際的各項節儀所建構成的禮文制度。是以周公之制禮作樂，化民移俗，一切的儀法制定，皆有其深刻用意，以達經世治民之效。

但是周代頒行的禮文制度，在實際施行時必有所因革損益：

> 由周代頒行之制，未必普行於列國，古代舊制仍復並行，如云晉啟
> 夏政，宋襲殷官，魯備四代之禮樂。列國之制，有悉用古代之制者，
> 有用周制而稍參古制者。（《遺書・左盦外集》卷五、頁1635）

劉師培認為聖人賢君所立下的禮文制度，並非為全國一致奉行，或有因地、因

事、因時而殊者，所以在禮制的實行上不可能畫一，因而文史上所記載的各項
禮文，可能只是理想的制度藍圖，在施行上則因狀況不同而有所更迭。

　　同樣的，孔子面對東周亂世，也有其因革損益之道。孔子在《論語・八
佾》篇中，曾引孔子言及三代之禮，對三代以來累積的禮文制度，有典冊不
存之憾：

> 夏禮，吾能言之，杞不足徵也；殷禮，吾能言之，宋不足徵也。文
> 獻不足故也。足則吾能徵之矣。

「文獻」一詞的意思，劉師培說明如下：

> 儀、獻古通，故《虞書》「儀獻」，漢碑作「黎儀」；《周書》「民獻」，
> 《大傳》作民儀，是文獻，即文儀也。書之所載謂之文，即古人所
> 謂典章制度也。身之所習謂之儀，即古人所謂動作威儀之則也。……
> 《左傳》襄公三十一年備載北宮文子論威儀，又謂有儀而可象謂之
> 儀，是儀字之誼與容止同。禮之揖讓、周旋、進退、屈伸，樂之有
> 舞，《詩》之有頌，均該於儀，不惟今文《禮》十七篇爲周代之儀也，
> 即《禮記・文王世子》內則所記，凡屬于學禮、學樂舞者，亦即周
> 代之儀。（《遺書・左盦集》卷二，頁 1455）

認爲人之習行進退必有節儀，動作合於這些節儀則爲知禮，古代就知禮、不
知禮判賢愚。將這些節儀記之於冊，則爲「文」；將記儀之文與行儀之節合稱
「文儀」，亦即「文獻」。因此孔子認爲，夏商之禮載文不足，且很少人熟習
當時節儀，而對這樣的狀況引以爲憾。劉師培認爲，所謂文獻，不只是指歷
史資料上的簡單意義，更是安排社會群體生活的各項法度儀則、顯示三代以
來人類文明開展的記錄。

　　然而：

> 一代有一代之禮，即有一代之儀，身之所習，躬之所行，莫非儀也。
> 若夫有條目可稽，有定例可循，則謂之文。如《象》魏所懸，太史
> 所掌，內史所柄是也。儀之於文，對文則異，散文則通周語義文之
> 制也。《禮記・禮器篇》：義理，禮之文也。義即儀字，以文該儀，
> 所謂散文則通也。《論語》文獻並言，則見於典冊者爲文，見於習行
> 者爲儀。……孔子言夏殷文獻不足，謂夏殷簡冊不備，而夏殷之禮
> 又鮮有習行之人也。（同上）

劉師培認爲改朝換代之後，制度也隨之有所轉變，有承襲的部分，也有改革

的部分，如孔子所謂：「殷因於夏禮，所損益可知也。周因於殷禮，所損益可知也。其或繼周者，雖百世可知也。」（《論語・爲政》）其中不變的部分，即是百世之後仍可覺知之理。如果可以明白禮文制度之承變及變嬗之由，使得歷史經驗得以累積，由當中獲取教訓，並掌握其萬世不變之理，以應對日漸繁複、瞬息萬變的人世群相，不啻爲文明進步、達致理想世界的重要參考。

因此，劉師培認爲孔子作《春秋》的原因是：

> 觀孔子言「吾因行事而加吾王心」，《孟子》言「《春秋》天子之事」，《莊子》言「《春秋》經世，先王之志」。王即天子，皆指先王言，謂《春秋》一書援古制以匡今失，能得先王制法之心也。惟所言皆先王之制，故所舉之事，均用史冊舊文，而加以褒貶。（《遺書・左盦集》卷二，頁 1445）

《春秋》所記主要乃東周魯國之事，當時因爲有失制失禮的情況，孔子方能據行事，援引先王經世古制以匡正褒貶之，就此以見孔子體貼周公制法之用心，而知百世可承之理，亦即《春秋》大義，而《春秋》經世之旨也就在這些匡正褒貶中得見。

劉師培認爲孔子修《春秋》經所呈現的是「援古以匡今」的經世理想，如《史記・太史公自序》云：「周室衰，諸侯恣行，仲尼悼禮廢樂崩，追脩經術，以達王道，匡亂世反之正。爲天下制儀法，垂六藝之統紀。」適足以道孔子追先王之志術以應時變的理想。因此孔子修《春秋》的主要目的在於發明先王經世之道。

《春秋》經雖是脩改魯舊史而成，但是經過孔子的整理，《春秋》性質已經大不同於一般史書。因爲：

> 蓋魯秉周禮，恆佗史法以傳。孔子修經，冀昭周禮，簡稽所逮魯史，實先因謂彙書史跡，倪諭有徵……。然條蕘眾文，劚定撝損，上下比義，俾即隳括，僉出孔裁，即非史舊。《志》稱褒諱貶損，不可書見，是博指約辭，以資口授，亦出孔經新構，所以明法將來，非魯史下符孔經，而孔經尚錄魯史也。（《遺書・春秋左氏傳古例詮微》，頁389）

劉師培認爲，魯行周禮有一定記錄史實之法，孔子欲昭顯周禮，於是取材自魯史記。換言之，孔子刪修魯史記，重整其內容，經由書法寓以大義，此大義即孔子本身所體會、習行的周代禮文制度與內涵。因此《春秋》不是改制之文，而孔子重新構作的是魯史記，並非重構、創作經世大義。

二、《春秋》經傳的特性

　　關於《左傳》的著作宗旨，以及和《春秋》的關係，劉師培在〈明傳篇〉中說明：

> 《史記・十二諸侯年表》謂孔次《春秋》，七十子之徒口授其傳，魯君子左丘明懼弟子人人異端，各安其意失其眞，故因孔子史記，具論其語，成《左氏春秋》。〈漢志〉亦曰丘明論本事以作傳，明夫子不以空言說經，然則孔史即本事矣。(《遺書・春秋左氏傳古例詮微》，頁 389、390)

劉師培認爲《春秋》是孔子史記，歷史事件的紀錄爲其主要內容。依據太史公的說法，《左傳》就是因孔子史記，以具論其語的著作。而〈漢志〉也說明《左傳》是據本事以作傳，宗旨在於明孔子不以空言說經，因此《春秋》與《左傳》的關係非常密切。

　　劉師培主張以史記爲基本材料的《春秋》，性質不爲史，而是寓有聖人之法的經世之書。他在〈非從史篇〉中說：

> 成傳述經例曰：「非聖人孰能修之？」。聖即孔子；僖傳釋晉文召王事云：「仲尼曰：『以臣召君不可爲訓，故書曰：天王狩於河陽』」。此孔子自顯書經之旨也。(《遺書・春秋左氏傳古例詮微》，頁 391)

亦即孔子脩《春秋》經自有其要旨，經文不只是史事的舉列，任其自顯事理，而是經過特殊的表現方式，來呈現聖人經世之志義。同樣的，《左傳》的主要內容也是歷史事件：

> 〈志〉稱丘明魯大史，又云仲尼存前聖之業，與丘明觀魯史記，則傳之與經，同出魯史。與經同出，故與史同，以傳名書，故與史異是。(《遺書・春秋左氏傳古例詮微》，頁 390)

據〈漢志〉記載，《左傳》作者與孔子同觀魯史，而有《左傳》之作，因此劉師培認爲《左傳》也是承自魯史。既然《左傳》承自魯史，所以《左傳》具有史的特性。但是《左傳》既以「傳」爲名，在著作宗旨上又有不同於史者：

> 蓋事因史記而恉主闡經，即韋昭所謂，因聖言以據意，託王義以流藻者也。〈志〉稱《春秋》所貶損大人當世君臣，有威權勢力，其事實皆形於傳。是經以約詞爲宗，傳主弼經而作。(同前)

認爲《左傳》之作，目的在於闡述《春秋》經文大義。因爲經文以約詞爲宗，而經文簡約的文詞，必須透過傳文中事實的陳述，來輔弼經文大義的呈顯。

換言之，劉師培認為《左傳》的著作宗旨就在於傳解《春秋》大義。

　　然而《春秋》經文的表達，為何不作事實的陳述，而用簡約的文字，以致需要藉著《左傳》，來協助經義的呈顯呢？劉師培透過《春秋》著作目的與特性，說明結合《左傳》與《春秋》以表達經義的特殊方式。

　　「春秋」一詞成為專名，相傳在孔子修魯史《春秋》之後。在此之前，劉師培認為古代史官的史記，亦有稱為「春秋」者：

　　　　古代史官所記，其書均以「春秋」名。（《遺書·左盦集》卷二，頁
　　　　1445）

繼而，劉師培證以《管子》、《國語》和《國策》中，所提及「春秋」特性：

　　　　《墨子》佚文言：「吾見百國『春秋』」（《隋書·李德林傳》引）。《管
　　　　子·山數》篇言「『春秋』記成敗」。《國語·楚語》言：「教以『春秋』」，
　　　　《晉語》言「羊舌肸明於『春秋』」。《國策·周策》言「『春秋』記臣
　　　　弒君以百數」均其徵也。故韓宣觀書，魯太史見魯「春秋」。（同前）

根據《墨子》說法，在先秦時代如周、燕、宋、齊等國的史書，可通通為「春秋」，〔註3〕所以「春秋」應該某類史書的通稱。

　　再者，在孔子未修作魯史前，魯史亦稱為「春秋」，劉師培說：

　　　　《左傳》稱韓宣觀書魯太史，見《易》、《象》與「魯春秋」曰：「周
　　　　禮盡在魯矣。」賈逵說曰魯史法最備，故史記與周禮同名，是賈以
　　　　韓睹「春秋」，即魯史記也。（《遺書·春秋左氏傳古例詮微》，頁389）

根據《左傳》的記載，韓宣子觀書魯太史，是孔子作《春秋》以前的事，因此「魯春秋」就是指當時的魯國史記。魯史本稱「春秋」，孔子刪修過後的魯史，雖仍名為《春秋》，實則兩者的內容不同，性質也有所變異，是以劉師謂「『春秋』名一書二，前史後經。史出魯臣所錄，經為孔子所修。」（同前）但是孔子仍命其書為《春秋》，必定是承襲墨子所謂百國「春秋」，以至於「魯春秋」等，「春秋」類史記的特性，所以劉師培說：

　　　　孔子所修魯史以「春秋」名，則記事之法，必符史官所記。（同前）

認為孔子修魯史「春秋」，必相符於史官記載的「春秋」之法。因此劉師培透

〔註3〕　若《墨子·明鬼下》言所載史事曾著錄在「周之春秋」、「燕之春秋」、「宋之
　　　　春秋」以及「齊之春秋」等語。另外，在《隋書·李德林傳》中錄〈李德林
　　　　重答魏收書〉說：「墨子又云『吾見百國春秋』」，此說在劉知幾《史通·六家》
　　　　也提及，孫詒讓在《墨子閒詁·附錄》中收此句為佚文。

過說明「春秋」類著作的特色，來了解孔子製作《春秋》的目的與《春秋》的性質。

孔子的《春秋》秉持的古「春秋」的特性，劉師培從寫作目的與寫作方式兩方面來說明。首先，劉師培從著作目的來說古「春秋」的特性：

> 師培案：《漢書・藝文志》云「左史記言，言爲《尚書》，右史記事，事爲《春秋》。」《申鑒・時事篇》同鄭君注《玉藻》「動則左史書之」二語，云其書《尚書》、《春秋》其存者。《疏》引〈六藝論〉云：「『春秋』者，右史所記制動作之事也。右史記事，左史記言，是『春秋』記動之書也。」〈漢志〉、〈六藝論〉、《申鑒》異於《玉藻》者，在於左右史所職互殊，然所稱記事，即記人君之動作，子駿言欲使人君不失中，舉動不舉言，即以「春秋」爲記動之書。（《遺書・左盦外集》卷三，頁 1595）

認爲「春秋」爲記人君動作之書，目的在戒使人君動作不失中。因此「春秋」類的載籍有著特別內容，以呈現其特殊目的。

《左傳》、《公羊》學者亦曾論述孔子《春秋》制名之由，劉師培在〈春秋原名〉中加以說明：

> 《春秋》制名之誼，以《左氏》古說爲詳。……《舊疏》引賈逵說云：「《春秋》取法陰陽之中，春爲陽中，萬物以生，秋爲陰中，萬物以成，欲使人君動作不失中也。」《公羊疏》卷一又云：「《三統術》云：『春爲陽中，萬物以生，秋爲陰中，萬物以成，故名《春秋》』」。賈、服依此以解「春秋」之義，是服君說《春秋》名義與賈君同，均祖述子駿緒言，此《左氏》先師溯《春秋》制名之始也。蓋歲有四時，惟「春秋」適得陰陽之中，故以「春秋」名史冊，使人君顧名思義，無失其動作之中。（同上）

劉師培採漢儒說法，以《春秋》立名之由是取法四時之「中」，春爲陽中，秋爲陰中，藉以引申使人君動作不失中之意。這樣的特性與古「春秋」是相同的。

其次在寫作內容上，古「春秋」既是度量國君行止的昭禮之書，那麼有關君主行事記錄，範圍必定包括了禮文之況、當時各國政治及社會情勢。因爲人君的動作，密切相關於政治措施、婚姻、權勢移轉等等，涉及當時各種政治、社會事件，是以古「春秋」的內容，必定離不開許多歷史事件的紀錄。據此，劉師培認爲古「春秋」：

古「春秋」記事成法，今不可考。惟《墨子・明鬼》所述有周、燕、
齊、宋各「春秋」於杜柏、莊子儀諸事，爰始要終，本末悉昭，則
記事以詳爲尚矣。(《遺書》1445》

劉師培見《墨子・明鬼》所述周、燕、齊、宋各「春秋」，於杜伯、莊子儀諸
事說明詳盡，因此歷史事件的記錄詳悉，就是「春秋」類史書的寫作特性。

　　劉師培認爲，雖然古「春秋」之記事成法，今不可考，但是《春秋》必
定沿襲敘事詳悉的寫作特性。其謂：

然經文而外，恒有附記之文，丘明作傳即本於斯。如晉侯圍原示信
事，見於《左傳》僖二十五年，《韓非子・外儲》說《左》篇甄引其
文，謂孔子聞而記之。則丘明所述本於孔子所記，故記事貴詳，上
符古春秋成法。(《遺書・左盦集》，頁 1445)

根據《韓非子》的記載，在《左傳》中記載晉侯之事，孔子曾作記錄。因此
劉師培認爲孔子的《春秋》經製作應該符合古「春秋」的記事之法，亦即注
重史實的詳實敘述。但是以古「春秋」貴詳的記事之法作爲衡量標準，這樣
的特點爲《春秋》所無，而爲《左傳》所有。換言之，是由《左傳》充分體
現古「春秋」敘事詳悉的特點，用以作爲《春秋》的附記之文。因此，《春秋》
必須結合《左傳》，才能相符於古「春秋」的記事之法。

　　綜上所言，劉師培認爲孔子之書命爲《春秋》，必承有古「春秋」的特性。
古「春秋」的著作目的，在使人君不失中，其內容主要爲記人君動作，因此
在內容主要是歷史事件，在表達上則必須敘事詳悉。劉師培證明《春秋》經
的製作，有著與古「春秋」相同的目的，以及相同的內容特色。爲了達到相
同的目的，《春秋》必須有同於古「春秋」敘事詳盡的表達特點，而結合了《左
傳》的《春秋》經文，才具有古「春秋」的表達特點，進而有達致著作目的
可能。亦即結合傳文的表達，《春秋》才能達到使「人君動作不失中」的著作
目的，因此《左傳》是配合經文的必要之作。

　　如劉師培所言，經傳一體，《左傳》爲《春秋》經文不可或缺的附記之文，
但是解讀《春秋》經文時，《左傳》是如何發揮作用呢？劉師培指出：

《史記》論孔子作《春秋》，又謂欲載空言，不如見之行事之深切著
明，是《春秋》一書所道者名分，而所重者事也。今也舍事而議言
制，則是孔子託空言而犯名分矣，豈不誣哉。(《遺書・左盦集》，頁
1446)

《春秋》是據於行事而作，亦即藉著史事見得名分之正，若不明行事之來龍去脈，逕以義理說之，則孔子不免空言之譏，而且不見行事本末，又何以明其名分之所以正。因此孔子道名分不能沒有行事的根據，但是行事之文不見於《春秋》經文，而是透過《左傳》表達。是以《左傳》的作用，可以如朱子所說：

> 看《春秋》，且須看得一部《左傳》首尾意思通貫，方能略見聖人筆
> 削，與當時事之大意。（《朱子語類》冊六，頁 2148）

《左傳》之述史事的重要性就在於說明行事之委曲，以稍見聖人的筆削之旨。

《左傳》述事的特性固然有益《春秋》經文的了解，然而對於《春秋》大義的解讀，是否是必要且必須呢？《春秋》三傳之所以受人稱道者，《公》、《穀》二傳在於《春秋》大義的闡發，而《左傳》則在於敘述史事的本末。朱子之論三傳，可以代表這種看法，他說明三傳各有其優劣：

> 左氏曾見國史，考事頗精，只是不知大義，專去小處理會，往往不
> 曾講學。《公》、《穀》考事甚疏，然義理卻精。二人乃是經生，傳得
> 許多說話，往往都不曾見國史。……《左氏》是史學，《公》、《穀》
> 是經學。（《朱子語類》冊六，頁 2151、2152）

認為《公》、《穀》二傳是口傳之作，其病在述史多失於妄，這是自漢劉歆以來就有的主張，然皆確定二傳為傳《春秋》之作，其為經學的性質無可爭議；《左傳》之失在不解《春秋》大義，作為僅是輔助經文的解讀，因此認為它的價值在於史學。

如果《左傳》的作用如朱子所說，只是在史事方面可以提供理解《春秋》大義背景，那麼《左傳》對於《春秋》的重要，也只是在史料相關的程度上，高於《國語》或其他諸子之書罷了。換言之，若《左傳》對於《春秋》大義，不具詮釋、傳解的功能，那麼《左傳》在經學上的價值勢必大為低落。劉師培反對此說，認為：

> 近世之儒，轉以其文則史，疑《左傳》殆昧於《春秋》之例矣。（《遺
> 書·左盦集》，頁 1445）

劉師培不同意將《左傳》僅視為可以提供了解史實本末的資料。然而《左傳》的性質如果不僅是輔助經文的解讀，而是傳解《春秋》經世大義。那麼如何經由《左傳》解讀《春秋》大義的經世大義呢？換言之，《左傳》是否傳《春秋》經世之旨？若是，則《左傳》又是如何傳《春秋》？是劉師培要處理的下一個課題。

第四章　《左傳》的解經方式

　　《左傳》的內容包括二個主要部分，一是義例，為《春秋》書法的說明，在傳文中書有「書曰」、「凡」者。一是史事的敘述與評論，這一部分也是《左傳》不同於《公》、《穀》二傳者。劉師培指出，書法、義例的說明與史事述評，是《左傳》傳解《春秋》大義的兩種方式。

　　《春秋》透過書法傳達孔子的經世旨意，因此解釋書法的傳文義例，是《左傳》、《公羊》和《穀梁》三傳解讀《春秋》筆削大義的重心。然而學者多認為《左傳》的義例不完整，疏於《公》、《穀》二傳，所以在解經作用上也就遠遜於二傳。劉師培卻認為實際上《左傳》的義例比二傳完整。他歸納《左傳》的義例，除了根據傳文本身標示的義例之外，也搜羅漢儒賈、服舊注，大略標舉出傳文義例的類別與表現方式，目的在顯示《左傳》的義例之說，是較《公》、《穀》二傳完整而有系統的。

　　在義例部分，劉師培主要認為《左傳》除了「凡」、「書曰」之類的義例之外，尚有其他隱含在傳文內的義例。他認為傳文的義例不全作直接的文字表述，而這部分的義例基本上可以透過賈、服之說獲得掌握。然而在唐代孔穎達作《左傳》正義，大部分採納杜預之說的情況下，賈、服的義例之學也隨之散佚不全。因此，後代學者認為《公》、《穀》的義例二傳優於《左傳》，不重視《左傳》的義例之學，其實主要有兩個原因，一是由於《左傳》義例表現方式，有不同於《公》、《穀》二傳直接示例者，一則是賈、服之說不存，學者僅就杜預之說論《左傳》義例的後果。除此之外，劉師培也透過比較經文與傳文的敘述內容，說明《左傳》義例。他認為經、傳的史事有不同的記錄方式，不僅經文與經文之間有所不同，經文與傳文也有不同，透過這些不

同的記錄方式，以表現《春秋》大義。因此，《左傳》的所有內容，皆關係《春秋》經義的表達，而劉師培如此說明《左傳》義例的表現方式，也表現了經傳一體的特色。

在史文述評部分，《左傳》中除了史實的敘述之外，還包括對史實的評論，評論包括二個部分，一是標示「君子曰」、「仲尼曰」之類的解經語和評論之語，二是標示著時人蔡墨、晏子等人所說的評論之語。《左傳》中的史實敘述和評論之語，學者向來認爲它的功能不在於解經，僅將之視爲理解《春秋》經義的背景資料，但是劉師培卻相當重視這些史文述評，認爲《左傳》徵引的史事述評，同樣是承自於孔子《六經》之學，是理解孔子經世之旨的一種方式。

以下分二節，說明劉師培對《左傳》義例的歸納，與《左傳》史文述評的作用方式。

第一節　義　例

《春秋》書法，是指《經》文呈現大義的特殊表達方式。對《春秋》書法的解釋，則是透過義例的方式來處理，通常是標舉是非、善惡、褒貶之所在。劉師培指出：

> 言有壇宇，文有坊表，例生于義，義炳于經。經無非例之條，傳以揭凡爲主。兩漢先師依例爲斷，是以辭無淩越，而言成文典。誦數以貫，思索以通，足以壹統類而綦文理。（《遺書・春秋左氏傳古例詮微》，頁 400）

認爲傳文以揭示凡例爲主，而凡例來自於經文大義的條貫。蓋經文之示義有法，凡例就是顯明其法，進而解其義，是以詮釋經義須透過義例。漢儒釋經，依例疏通經文文理，藉著統貫《春秋》書法，避免逾越經文文意，並尋求恰當的經義解釋。

回歸漢儒古文諸家治《左傳》的方式，是劉師培研究《左傳》的主要趨向。他在〈序師法〉中說道：

> 劉、賈、許、穎銳精幽贊，以經爲作，大體概同。二鄭、彭、服亦名家，經傳相明，咸主義例，詮經之要，莫尚於斯。（同前）

認爲劉歆、賈逵、許淑和穎容，鄭興、鄭眾和嚴彭祖、服虔等學者，都主張經傳相互發明的義例爲詮釋《春秋》經義的重要途徑。如劉歆著有《春秋左氏傳

章句》，今有馬國翰《玉涵山房輯佚書》中集有一卷。另外在《漢書‧律曆志》載有劉歆《三統曆》，於〈五行志〉中也可以略見劉歆的主張。劉歆辨校經書，當時鄭興、陳欽及賈徽等人皆從劉歆學，興「好古學，尤明《左氏》、《周官》，長于曆數，……當言《左氏》者多祖于興」，而後其子鄭眾「從父受《左氏春秋》，精力于學，明《三統曆》，作《春秋難記條例》」（見《後漢書‧鄭興傳》），而眾又作有《春秋牒例章句》、《春秋左氏傳條例》等。賈逵父徽究《左傳》，徽著有《左氏條例》，今不傳。逵則著有《春秋左氏傳解詁》、《春秋左氏長經章句》等書，故於《左傳》有鄭、賈之學，而陳元亦著有《春秋訓詁》，今不傳。此外漢代《左》學名家尚有服虔、潁容，前者著有《春秋左氏傳解誼》、《春秋隱義》等《春秋》學著作，潁容則有《春秋左氏條例》及《春秋釋例》（參見《漢代春秋學‧附錄漢代春秋學者考》）。由漢代學者研究《左傳》的著作，多命以「條例」之名，可見「義例」之學，不僅是《公羊》、《穀梁》等今文經擅長的解經方式，其實也是古文家治《左傳》學的重心。

但是漢儒的義例之說，在杜預五十凡之說出現後散失，劉師培指出：

> 杜說之誤，屬於訓詁典制者，其失小，屬於義例者，其失巨。（《遺書‧春秋左氏傳傳注例略》，頁 410）

因此劉師培的義例研究宗主漢儒，不僅在說明《左傳》傳文標示的義例，也採用漢儒的《左傳》義例之說以爲解。

在《春秋左氏傳古例詮微》中，劉師培根據《春秋》、《左傳》的表達特性，將義例分爲「時月日例」、「地例」、「名例」、「事例」、「詞例」和「禮例」等六類，總括《左傳》的義例。詳言之，《春秋》內容爲歷史事件，歷史事件的紀錄不外乎時間、地點、人物，以及事件經過。根據這樣的特性，劉師培歸納書法、義例爲「時月日例」、「地例」、以及「名例」、「事例」等項。此外，劉師培認爲《春秋》有一致的的詞語使用方式，並賦予這些詞語一定的評價，是以透過這些詞語，表現《春秋》褒貶之意者，歸之爲「詞例」。再者，《春秋》以呈顯周禮爲目的，劉師培認爲《春秋》也有透過書法陳述周禮者，即爲「禮例」。以下就其論六種書例，一一說明。

一、時月日例

劉師培引太史公〈三代世表序〉之語謂：「孔子因史文作《春秋》，紀元年，正時月日，蓋其詳哉。」（《遺書‧春秋左氏傳時月日古例考序目》，頁 361）

根據太史公的敘述，孔子因史文作《春秋》，特別注重紀元、時月日的記錄。
然而，《春秋》於時月日的記載卻詳略不一，其中必有特別的原因。

　　針對《春秋》經文時月日記載詳略不一的現象，《公》、《穀》提出《春秋》
經文有「時月日例」之說，認爲這是呈顯《春秋》之旨的書法。然不同於《公》、
《穀》二傳的說法，晉代的杜預認爲《左傳》中說明《春秋》託日以見例者，
只有「大夫卒」及「日食」二事。除此之外，他認爲《春秋》是沒有時日月
的義例，而其他經文記載不一之處，乃是由於：

> 自文公已上，書日者二百四十九，宣公已下，亦俱六公，書日者，
> 四百三十二。計年數略同而日數加倍，此則久遠遺落，不與近同也。
> 承他國之告，既有詳略，且魯國故典亦又參差，去其日月，則或害
> 事之先後，備其日月，則古史有所不載，故《春秋》不以日月爲例。
> （《春秋釋例》卷一，頁 12）

杜預認爲《春秋》書日與不書日，大部分是依據魯史舊典中所陳，不屬於經
文特別的表達方式。而魯史舊典中的時月日詳略不一，主要是因爲魯史舊典
記錄本身不完整。至於文公以上金日的記載較不完整，原因在於資料上的不
足。因爲年代較久遠的資料保存困難，時月日記錄容易散失闕漏。相對的，
史事距離愈近，史料散佚的程度可能會比較輕微，因而宣公以下，較接近孔
子的時代，保存有較詳細的時月日記錄。換言之，杜預從史料保存上的困難，
對經文書時日月詳略不一的現象，提出一項可能的說法。

　　但是劉師培反對杜預以史文闕遺爲經文記錄詳略不一之原因。劉師培認
爲《春秋》經文時月日記錄詳略不一，乃是「時月日例」書法的表現，而且
《左傳》詮釋《春秋》的義例，可得見的也包括「時月日例」：

> 《春秋》一經首以時月日示例，《公》、《穀》二家例各詮傳，《左氏》
> 所詮尤爲近。實乃傳文所著書日例僅「日食」、「大夫卒」二端，餘
> 則隱含弗發，以俟隅反。……蓋以經書月日，詳略不同，均關筆削。
> 禮文隆殺。援是以區，君臣善惡，憑斯而判。所謂辨同異，明是非
> 者，胥於是乎在。（《遺書・春秋左氏傳時月日古例考序目》，頁 361）

他認爲經文藉著時月日記錄詳略不同的書法，表現《春秋》大義，因此經文
時月日的記載，攸關筆削之旨。三傳於「時月日例」，各有所詮，但是劉師培
認爲《左傳》尤其切近於經之書法。然而《左傳》明確指出義例所在者，只
有「日食」及「大夫卒」二條，在傳文中沒有其他明確指出的時月日例，那

麼《左傳》時月日例如何尋索呢？劉師培提出，其實傳文中有「隱而未發」的時月日義例，此乃傳文多不以直接說明的方式表現義例，將義例隱含於傳文的敘述中，這些沒有明確標示的義例，都密切的關係著對《春秋》筆削大義的理解。

劉師培認爲，《左傳》的隱含在傳文中的義例，主要是透過漢儒的創通而顯發出來：

> 漢儒創通條例，肇端子駿、賈、許諸君，執例詮經，于時月日書法三致意焉。雖學說湮淪，存僅百一，然掇彼賸詞，詳施攷覈。（同前）

然而漢儒對於這些義例所下的功夫，如今可以看到的所剩無幾，是以劉師培尋繹漢說，以劉歆、賈、穎說爲依歸，掇拾時月日古例爲：「元年例」、「春三月書王例」、「春三月不書王例」、「空書時月及時月不具例」、「晦朔例」、「閏月例」、「是月例」、「盟例」、「會遇例」、「崩薨卒例」、「葬例」、「弒例」、「出奔及歸入納例」、「侵伐襲例」、「戰例」、「滅入取例」、「朝覲例」、「還至例」、「內外逆女例」、「執殺例」「城築新作例」、「郊雩烝嘗例」、「蒐狩例」、「日食例」和「內外災變例」等二十五例。且於「漢說不存，則從缺疑，不復引二傳爲說」（同前，362）關於劉師培說明的「時月日例」的內容，舉「春三月書王例」、「三月不書王例」、「空書時月及時月不具例」三例，試說如下。

《春秋》共二百五十八年，經文書「春王某月」，有一百二十九條的編年，其他只是「春某月」。對於書「春王」與書「春」不書「王」的筆法，劉師培在「春三月書王例」與「春三月不書王例」中做說明。他認爲「春三月書王」，主要在表現《春秋》從周之紀元：

> 子駿以《春秋》書「王」擬《易》三極，三極即三才。則正月書「王」，所以統人道，二月書「王」則統地道，三月書「王」，所以統天道。雖周之二月即殷正，三月即夏正，然《春秋》仍書「王二月」、「王三月」者，則所據皆周正。「王」即周王，此即以周統魯之誼，非書「王二月」以存殷正，書「王三月」以存夏正也。乃隱元年《孔疏》引服虔云：「孔子作《春秋》，於春每月書王，以統三王之正。」（《遺書・春秋左氏傳時月日古例考》，頁363）

認爲《春秋》經文中於每年記事之首月，皆書以「春王某月」，主在顯示奉周爲正統，明魯爲周臣，行周制曆法。

然而檢視《春秋》經文，偶有書事疑從夏曆者，根據顧棟高的說法，認

為王朝的發號施令以及聘享會盟等事，都是採用一致的紀元，皆使用周正，而史官記錄同此。但是顧棟高認為，自夏以來習俗，田狩祭享仍沿用夏之曆法，如桓四年「春公狩于郎」，杜預註謂：「冬獵曰狩。周之春，夏之冬也。田狩皆夏時也。」（《春秋大事表・時令表序》卷一，頁3至4）。哀十四年「春，西狩獲麟」孔穎達《正義》謂：「〈釋天〉云『冬獵曰狩』。周之春，夏之冬，故稱狩也。」（同前，頁11）因此，經文雖偶有雜用夏曆的情況，但是《春秋》經文基本上是依據周曆，以明夫子奉遵周制之意。再者，楊伯峻亦謂《春秋》行周正，認為隱公訖哀公歷十二公，二百四十二年，皆用王正，甚至哀公十二年經文謂「春用田賦，《左傳》傳文必申明為「春王正月用田賦」，表示謹奉周曆之意（《春秋左傳注》，頁6）。據此，「春王某月」為《春秋》特示奉行周曆，是代表著《春秋》遵行周制的申明。因此，《春秋》經文於記事首月不書王，的確是違反《春秋》記錄原則的異常現象。

在「春三月不書王例」中，劉師培認為《春秋》經文於記事首月不書王，乃是《春秋》書法，寓有特別旨意的表現。例如在魯桓公時《春秋》的編年，只在元年和二年、末年（十八年）以及十年之書「春王某月」，在其他的編年當中只言「春某月」。對於這部分異於其他記錄的方式，劉師培認為原因在於：

> 桓三年《孔疏》引賈逵云，不書「王」，弒君、易祊田、成宋亂，無
> 王也。元年治桓、二年治督、十年正曹伯，十八年終始治桓。（同前）

根據賈逵之說，說明桓公三年經文書「春正月」未言「王」，是因為時亂而無王之道，故不書「王」以明之。而元年，二、十及十八年，則各為以始治桓、治督、正曹伯及王治終治桓等原因而書「王」，其中元年、十八年之書「王」則是明始治、終治之誼。劉師培解釋這項書法的用意：

> 「王」為周王，所謂假王法以明其例也。三年以下不書「王」，所以
> 著周、魯弗相攝繫，絕桓於周，兼以王不正桓為棄魯。是猶公孫、
> 寧儀行父繫陳，長葛不繫鄭也。且桓既無王，則二年、十年書「王」，
> 必非因魯發義，此亦《左氏》古例也。（同前，頁364）

他認為經文不書「王」，是由於周、魯之間的關係不正常。原因又在於周王室朝政不綱，未能好好處理魯桓公之弒君亂政，此乃周室棄魯之舉；王道不張，故《春秋》不書「王」。至於二年、十年，亦即周、魯之間無需特別申明之事，故經文書「王」。根據這樣的現象，得知《春秋》有透過周正紀元以明義的書法。

　　另外，在「空書時月及時月不具例」中，劉師培觀察到《春秋》經文對
時月日的記錄有一項特點，即必書四季之首月，即使當季無事，亦記下時月，
也就是空書時月。換言之，經文偶有不書四季時月，或僅書月的情況，這種
異於一般的記錄方式，代表其中有著特別的意旨。例如在桓四年及七年不書
「秋七月」，成十年不書「冬一月」，桓十七年直云「五月」，不云「夏」，昭
十年直云「十二月」，不云「冬」。據賈、服之說，劉師培認為這些現象是因
為君王們登臺、視朔的情況不一而產生。登臺而不視朔則書時不書月；若視
朔而不登臺，則書月不書時；若是皆行視朔、登臺一如常規，經文的記錄方
式則是空書時月。〔註1〕在《公羊疏》中亦曾引述賈、服的看法，認為不書冬
是刺諸侯未登臺、視朔。劉師培說明此二典制之重大：

> 知者《三統歷》又云：「是以《春秋》曰『舉正於中』」又曰「閏月
> 不告朔，非禮也。閏以正時，時以作事，事以厚生，生民之道於是
> 乎在矣。不告閏朔，棄時正矣，何以為民？」故善「僖五年春王正
> 月辛亥，朔日南至。公既視朔，遂登觀臺以望而書，禮也。凡分、
> 至、啟、閉，必書雲物為備故也。」（同前）

其中《春秋》之文，是指《左傳》文公六年所載之論，以「告朔」之舉，關
係著諸侯於民政得失的處理，如果沒有如期舉行，勢必代表政治上出現大問
題，故《春秋》以「空書時月」書法表現諸侯施行此制的情況。〔註2〕

　　劉師培認為《春秋》經文中不同的時間記錄方式，乃是《春秋》書法之
一，基本上可以根據賈、服等治《左傳》的古文家之說，得知《左傳》有隱
而未發的時月日例。再者，《左傳》書中雖然沒有直接指明如「空書時月」等
的具體《春秋》書法，也可由《公羊》、《穀梁》傳注中直接明顯的義例，尋

〔註1〕根據楊伯峻文公六年之注文（《春秋左傳注》，頁543），君王在每月之朔，朝
　　　　于廟以告神稱為告朔，在告朔之後，聽治此月朔的故事，謂之聽朔，又名視
　　　　朔，下一個步驟就是朝廟祭神；也就是先告朔，次視朔，然後朝廟，三事在
　　　　同一天舉行。
〔註2〕但是在《春秋》經文中，偶有不符合此例者，劉師培論賈、服之說謂：
　　　　則凡有日無月者，舍僖二十八年戊辰外，大抵均由不視朔，而時月具，亦匪
　　　　缺文，即空書時月之故，亦可皭然明晰矣。書時月例，均書孟月，惟莊二十
　　　　一年書夏五月，與例不符。以《三統曆》推之，是年閏在十月，後春分為四
　　　　月二十四日，而時曆五月，適當三統四月，或登臺之典行于五月，故經不書
　　　　四月也，書以俟考。（《遺書·春秋左氏傳時月日古例考》，頁364）
　　　　認為《春秋》經中有日無月者，大概就是不視朔而空書時月的書法，其中經
　　　　文有少數不合於此書之條文，原因則在於置閏。

得《左傳》這一方面的說解。然而《左傳》中沒有指出這些書法義例，必須以《公》、《穀》等今文家的說例為根據，方能尋繹《左傳》的義例，如此是否表示《左傳》的義例有所漏失，而短於二傳的詮經呢？劉師培認為傳文在表達上，不必每一項義例皆作明確而直接的說明；在《左傳》傳文中雖然只有「日食」及「大夫卒」二例說明《春秋》以時月日示例的現象，詮釋經文時可依此為準，尋其他隱含的義例。他並提出「時月日例」的識別原則：

> 故數事同月而有繫月、不繫之殊，二事同日，復有書日不書之別。
> 又或去月書日，使二事同日，隱有繫時、繫日之分。（《遺書・春秋
> 左氏傳時月日古例考序目》，頁 361）

認為可以透過這樣的原則尋求《左傳》隱於傳文中的義例。因此《左傳》的義例是「隱而弗發，以俟隅反」，並非《左傳》在義例上有所缺失。

其次，對於《春秋》經文呈顯時月日詳略互異的現象，劉師培依循漢儒的傳注方式提出一套詮釋觀點，不同於杜預以魯史不全、史策保存困難等歷史因素的解釋策略。主要原因在於劉師培以《春秋》具有異於魯史的特殊筆法，並非只是如杜預所說多為魯史舊文、史官書法。在《春秋》有特殊筆法的前提下，《左傳》學者方能進一步的申明《春秋》大義的特殊表現方式，對於聖人的經世之旨，也有了深入闡述說明的可能。

二、名　例

歷史事件的紀錄中，時人各有其名位相當的稱謂，然而經文中時人與名位之稱卻不盡相符。劉師培認為這也是經文的特殊表達方式，代表著貴賤、親疏、進退的分別。蓋時人各有其名位，循此名位相較於經文所書，則可明《春秋》之褒貶。那麼我們如何得知經文之書名稱謂，不盡相符於時人應具之名位呢？劉師培指出「名例」有二種呈現方式：一，事件人物有著同等地位，經文卻有書名、書字的不同。二，對比經文與傳文敘錄，有著經傳褒貶不一的現象。這些都是書法義例的表現。

首先，經文中書名、書字的不同，在傳文中有標示其義者。劉師培認為：

> 《春秋》隨稱而書，此恆例也。若或賤從貴稱，斯為進例，傳例所
> 署曰「嘉」、曰「貴」、曰「珍」。貴從賤稱，斯為退例，傳例所揭曰
> 「賤」、曰「疾」、曰「尤」。（《遺書・春秋左氏傳古例詮微》，頁 394、
> 395）

以《春秋》書人、名、字本各其隨稱，是《春秋》的一般原則。然而經文非
全如其稱，而有賤從貴稱、貴從賤稱者，這些都是《春秋》經文的書法。在
這個部分，傳文即藉著記有「嘉」、「貴」、「珍」或「賤」、「疾」、「尤」〔註 3〕
等富於評價的詞語，以明《春秋》的褒貶之意。換言之，《春秋》經和《左傳》
分別貴賤、親疏、進退，是透過經文中書名、稱字不同的記錄方式，顯示其
評價。如經文書諸侯的筆法：

> 諸侯不生名，恆例書爵。賤則冢爵綴名，「穀伯綏」、「鄧侯吾離」、
> 之倫是也。（同前，頁 395）

「恆例」是指經文在正常情況下的書法，是經文書諸侯皆書其爵。但是桓八
年的經文「穀伯綏來朝，鄧侯吾離來朝」，卻書諸侯之名，傳文釋其故謂：「穀
伯、鄧侯來朝。名，賤之也。」（《春秋左傳注》，頁 118）是經文藉著異於恆
例的記錄方式，呈現其中的旨意。又如書夷狄內外之別的書法：

> 夷狄君臣，俱以國舉，進則書「人」、書「子」。（同前）

經文記載夷狄等外族的君臣皆舉其國名，若有進者，方書以「人」、「子」。至
於附庸之國書名與字之別：

> 附庸未命，引國繫名，「犁俙來」是也，貴以字以舉，「邾儀父」是
> 也。（同前）

附庸之君未得王命者，不書其爵而書其名，然貴之則書其字。如隱元年經文
「公及邾儀公盟于蔑」書邾君之字，傳文謂「未王命，故不書爵。曰『儀父』，

〔註 3〕《左傳》的書名，標示有「嘉」、「貴」、「珍」或「賤」、「疾」、「尤」等評價
　　　　語者：
　　　　「嘉」三見。一、莊公「二十五年春，陳女叔來聘，始結陳好也。嘉之，故
　　　　不名。」二、閔公元年「『季子來歸』，嘉之也。」三、同年「齊仲孫湫來省
　　　　難，書曰『仲孫』，亦嘉之也。」
　　　　「貴」五見。一、隱公元年「三月，公及邾儀父盟于蔑，邾子克也。未王命，
　　　　故不書爵。曰『儀父』，貴之也。」二、文公八年「司馬握節以死，故書以官。
　　　　司城蕩意諸來奔，效節於府人而出。公以其官逆之，皆復之。亦書以官，皆
　　　　貴之也。」三、文公十四年「書曰『宋子哀來奔』，貴之也。」四、文公十五
　　　　年「書曰『宋司馬華孫』，貴之也。」五、同年「齊人許單伯請而赦之，使來
　　　　致命，書曰『單伯至自齊』，貴之也。」
　　　　「珍」一見：文公八年「書曰『公子遂』，珍之也。」
　　　　「賤」二見：一、桓公「七年春，穀伯、鄧侯來朝。名，賤之也。」二、襄
　　　　公二十九年「杞文公來盟，書曰『子』，賤之也。」
　　　　「疾」一見：「書曰『翬帥師』，疾之也。」
　　　　「尤」一見：「書曰『某人某人會于澶淵，宋災故』，尤之也。」

貴之也。」其他諸如書子、書族、書官暨官冠族、公侯作大夫稱人，子男之卿稱人等等，經文中名號的不同記載方式，乃是展現對於天子諸侯、以至於夷狄內外及名位貴賤進退分別之誼，是以各有其特別的用意所在。

其次，除了經文藉書名、書字的情況不一，以彰顯書法之外，經文與傳文褒貶不一的情況，劉師培認為這也是書法義例的呈現。是以他再度申明經傳相依的特點：

> 特經傳相成，若衣表裡，經揭空文，傳形事實，故經褒傳貶，則於
> 經例為陽褒，經貶傳褒，亦於經例為陽貶。（同前，頁 395）

強調經文和傳文是相輔相成的，在經文中有褒貶書法。在傳文的敘述中卻為貶損者，或經貶傳褒者，這樣經傳毀譽不一的情況，乃是經文在敘述上跟從當時史官錯誤的記錄，同時藉由傳文敘述的不同來表現褒貶之意；亦即以經傳記敘相異的方式來呈顯大義之所在，劉師培稱這樣的書法為「變例」。他說：

> 文經宋司馬華孫，傳發貴例，復言魯人以為敏，服虔說曰：「魯人不
> 知其非，反尊貴之。」……《春秋》誅賞，或與時論，毀譽弗同，
> 貶褒寓傳，書法從時。……佗詭詞以埃反隅，存時說以昭俗失，虛
> 書懲過，斯其比矣。變例弗昭，說必閡格。（同前，頁 395、396）

文公十五年經文「宋司馬華孫來盟」，傳文謂「書曰『司馬華孫』，貴之也。」然而服虔卻認為經文之書貴之，乃是魯人貴之，而非孔子貴之。因此根據《左氏》先師以及服、賈等人的注釋，劉師培主張經傳褒貶不一的現象，是屬於「名例」中的「變例」，欲解讀這部分經旨，絕對不能缺少《左傳》於經文言外的褒貶之誼。

「名例」藉著殊別名、字的記錄，以別貴賤、親疏和進退，劉師培認為其根本目的在於正名辨等。他指出：

> 蓋弟課殿，最絀陟迤，興治人之嵩，辨名為始。君以章義癉惡為公，
> 經以捄過顯功為旨，故辨等不越恆例斯然。不從醜夷，在宣榮辱，
> 一言苟違，寵名皆棄，多行弗義，雖蓋彌章。銓行抝稱，不爽銖鍰，
> 以言效實，無異枉直，隨形屈伸，任物吐情自紀也。以言制法，無
> 異以德奠爵，以功詔祿，以能詔事也，正名之治備於此矣。（同前）

認為《春秋》的名例，是各隨行事以辨名、正名，亦即因行事而行勸懲，藉此以明寓於諸行事中應具的情理。換言之，孔子於各項行事的褒貶、價值的判斷，是根據各項行事應具的禮儀節度，而每項禮儀節度基本上是根於周禮。

因此行事當與不當的判斷標準，非孔子自制其法，另有一套異於周禮的衡量標準。

綜言之，在《春秋》經文所記錄的時代裡，上自天子王室、諸侯卿大夫，以至於夷狄內外等各個方面，無論合不合於禮制，必各有其職稱與一定貴賤的名號。劉師培《春秋》書法的目的在於辨名正等，但是在《春秋》經文中，卻有地位相同而有書名、字、稱人等相異的記載，或位卑稱貴，或位高稱賤。這樣的現象，就是寓書法於其中。其次，「名例」中有所謂「變例」，劉師培認為經文與傳文褒貶不一的情況，也是書法的表現。這一部分經文則必須配合傳文的敘述，才能知其書法。這一書法，尤其深刻表現經傳一體的特點。

三、地　例

《春秋》經文中，常見關於地名的記載，或因會盟而書地，或因戰事而書地，甚或亦書諸侯大夫薨卒之地。在劉師培看來，經文於會盟、戰事、薨卒三種情況下，書不書地是有差別的，皆是經文特別的表達方式。因為：

> 土地者，所以伙遠邇，誌分合，表疆場也。舊史書之以昭事信，《春秋》因之以宣經恉。（同前，頁396）

在史書中記錄地點，主要在明其事之不誣。而《春秋》書地，除了「昭事信」的功用外，更重要的是，藉著書地與否的書法以呈顯經旨。此外，入奔叛土功書地的書法，在傳文昭公三十一年有論述：

> 冬，邾黑肱以濫來奔。賤而書名，重地故也。（《春秋左傳注》下冊，頁1512）

邾國黑肱以濫地逃亡前來，黑肱低賤，《春秋》卻書其名，是因為重視土地的緣故。可知《春秋》之書名，與土地有重要關係。接著傳文又說：

> 君子曰：「名之不可不慎也如是：夫有所有名而不如其已。以地叛，雖賤，必書地，以名其人，終為不義，弗可滅已。」（同前，頁1512、1513）

指出人之得其名不得不慎重。蓋名者，人所欲得也，但是有時有名還不如無名。如叛其國者卻以地來，即使此人低賤，必記其土地地名，亦必記其名，則此人叛國的不義之行，將不能磨滅。因此，經文重地，其書法皆關係著《春秋》經旨。劉師培在「地例」中說明的書法，是針對傳文未言及的地例，包括會盟、戰伐、薨卒三種情況。

　　第一種，會盟之書地例。劉師培將經文記錄會盟之事分爲三種情況，基本上認爲「會盟恆例，地必兼書」（《遺書‧春秋左氏傳古例詮微》，頁 396），而記載參與的諸侯，以其爵位序列其名。然而諸侯若會於某國，目的在征伐他國時，則有不同書法：

> 若以國地，據賈、服，桓經會鄧，注以爲蔡、鄭會鄧國都，知會曹、會齊爲例弗別，不與國主列序相涉也。（《遺書‧春秋左氏傳古例詮微》，頁 396、397）

據賈、服之說，這時的國別的序列無關於爵位。此外，有書盟不書地之經文，通常是指前往某地會盟：

> 書盟弗地，亦謂國都來盟、莅盟，理无二揆。成經及荀庚、孫良父盟，上冢來聘，謂適魯都。文經及晉侯盟，文蒙如晉，謂往晉都，故弗地也。（同前，頁 397）

如在文公經及晉侯盟，文蒙如晉，諸往晉都，皆是未書地者，是第三種情況。

　　其次，戰伐之書地例。劉師培又論：「戰伐書地，於例亦恆，戰以國地，桓經戰宋是也，魯鄭伐宋，因戰宋都，圍齊圍宋，知例亦然。」（同前，頁 397）以戰伐書地是經文恆例。其次，若與外族戰，如「隱經入極，賈云戎都，蓋諸夏以國名，都夷則都名別國，是以臨淄故絳，經沒其文，入郚之文，定經獨著，所以植國維，異殊俗而嚴戎夏之辨也。」（同前，頁 379）在經文記載戰征者不書地的情形，則是經從變文，但是《左氏》先師對此變文的說解亡佚，劉師培也存而不論。

　　第三種，「薨卒」的書地例，劉師培認爲：

> 若夫執殺、薨卒，或地、或否，昭薨乾侯，傳云失所。〔註4〕楚靈之弒，經書乾溪行父之舍，經書莒丘，先儒並即失所爲文。萬弒宋閔，不書蒙澤，先儒謂國內爲義，則失所之爲詞，惟晐國外矣。許男卒師，經惟書卒，謂若卒於國也。嬰齊卒魯，亦書貍脤，謂若卒於外也。內外之區，辨以繫地。（《遺書‧春秋左氏傳古例詮微》，頁 397）

〔註4〕在《左傳》中記載「失所」一詞者只二見，一在昭公二十六年「趙武不書，尊公也。向戌不書，後也。鄭先宋，不失所也。」所言應指《春秋》經文列書諸侯順序之由。其二在哀公十六年論及失禮、失所之過，二者論失所皆謂名分之失，皆不同劉說以「失所」爲亡於國外之意。蓋劉師培據賈、服古說論經文書法，舉昭傳「失所」之文固屬不當，旨在辨經之書法，與傳論「失所」意不同。

蓋劉說以諸侯大夫薨卒理應於其國內，方能為善終，而亡於外乃是失其所者。經書中如之記薨卒未記地者，是亡於其國者，如許男卒師；而薨卒書地者，則是亡於外的記錄方式，如楚靈王被弒於乾溪。是以諸侯大夫亡於國內或國外，以書地與否辨之。

劉師培又論說，除了入奔叛土功、會盟、戰伐、薨卒等事以外書地名者，則為國外之地。如隱公五年「觀魚于棠」者。「棠」者，賈逵認為是魯地，而杜預《春秋釋例》則謂「棠本為宋地」。劉師培認為傳文中有論「遠地」之文，則棠應在魯國之外。〔註5〕又如：

> 昭公如晉，經書至河也。僖經王狩河陽，傳曰言非其地。桓莊二狩，
>
> 經書郎鄆，以哀經西狩不地，知郎鄆均以非地書矣。（同前，頁397）

如昭公如晉，經文書其至「河」地，是河非魯地，傳文謂：「晉少姜卒，公如晉，及河，晉侯使士文伯來辭，曰：『非伉儷也，請君無辱。』」少姜非魯公正室以諸侯嫡配之喪，依禮諸侯無親弔，是昭公行止不合禮者。另一個例子周天子狩河陽，而河陽不屬於周境，經文書地，目的在隱晉文以臣召君之失。因此經文中除入奔叛土功、會盟、戰伐和薨卒之外的書地，皆寓有特殊旨意，而且必須透過傳文的史事敘述與說明，才有解讀的可能。

四、詞　例

在《詞例》一文中，劉師培認為《春秋》之表達目的和《詩》、《書》不同，因此表達方式上也有著差異：

> 《春秋》之例與《詩》、《書》殊，《詩》以正言，《書》以廣聽，故
>
> 或同詞而異恉，或異文而同實。（同前，頁398）

《詩》、《書》以「正言、廣聽」為取向，經文以不同的上下文來主導詞語的含意，因此在詞語的意義使用上，可以有不同的運用，或同詞而異恉，或異文而同實。但是《春秋》不同於《詩》、《書》，因而表達方式亦隨之有異。

劉師培謂「《春秋》斷事以信為符，故經字相同即為同恉」（同前，398），認為《春秋》斷事，重在信實，目的在於「正義直指而應物辨事也」（同前），故以同字同恉為使用語詞的主要方式。易言之，《春秋》經文是一條獨立的史事紀錄，幾乎沒有什麼相關的上下文，可資規範語詞的意義，亦即要辨認或

〔註 5〕隱公「五年春，公將如棠觀魚者。……公曰：『吾將略地焉。』遂往，陳魚而
觀之，僖伯稱疾不從。書曰：『公矢魚于棠』，非禮也，且言遠地也。」

確定其義，僅僅根據經文是相當不足夠的。因此經文若沒有限定語詞使用時的意義，將會由於語義辨認上的困難，造成《春秋》經義的模稜兩可，「斷事」的目的將不可能達到。

其次，經傳一體，最重要的就是要共約名之異實，劉師培認爲：

> 夫合文通治，在共約名，異實同名，推類則悖。丘明作傳，發例揭凡，究極經文，標以定釋，「更成曰平」，如「二君曰克」是也。（同前）

也就是說經文簡鍊的語詞，必有一定含意，如傳文釋經文「平」爲「更成」，也就是重修舊好的意思。如果經文使用詞語，沒有固定的意義，那麼在解讀經義時，必定形成不同的解釋。而傳文的發凡起例，就是對於經文詞語的使用，標以一定的意義，亦即傳文說明經文的用字皆有一致的解釋。換言之，與經文相配的傳文，對於經文的語詞使用必須有同一的掌握，否則解釋經文語義上的不一致，同樣也會造成對經義詮釋上的歧解，而且傳注之說沒有可以依循的詮釋規則，其詮釋效力也將令人質疑。因此《春秋》在用字上，意義的一致是很重要的原則，而傳文對於經文用字的說明也應該是一致的。

劉氏舉「還」、「次」等例說明了在經文中的詞語有一定的含意。他認爲這些詞語在經文的使用中，不僅有著相同的意義，而且所賦予的價值判斷也是一致的：

> 莊經「師還」，傳云「善魯莊公」，宣經歸父書「還」，傳亦云善，是「還」爲善詞……。僖經屈完來盟，服云「外楚」。定經「渠蒢之次」，賈注以爲善救鄭，「次」之於文，非徒師「次」來之書，經所涉尤廣故，故「公次乾侯」，賈亦入例，明與「次滑」之誼同也。（同前）

根據劉師培的說明，經文書「還」的意思不僅是師歸，而且含有嘉善的意味，書「次」，除了駐軍超過二天以上這個語詞本有的意義之外，也寓有嘉善之意。他認爲傳文注解語詞的意思不僅在同一事件中是一樣的，而且不同的事件中，字詞的意思也是全書一貫的：

> 傳例所著，有詞發于此，誼通于彼者，不惟晐同事之經，亦且晐殊事之經，同詞同恉此之謂也。……《春秋》比事屬詞，文而有別，分理別異，惟假隻詞，故文既兩同，旨則無二。（同前）

除了語詞本身的意思一致之外，《春秋》之比事即是藉著語詞分理別異，故語詞所寓的《春秋》之旨也是相同的。

綜上所論，《春秋》簡略的經文，沒有上下文的行文方式，必定有解讀上

的困難。因此,《春秋》必有一定而一致使用詞語的方式,方能呈現清晰而不含混的文義。傳文在解釋詞義時是亦掌握此特點,對經文的用字,傳文都有一致詞語解釋。在這樣的基礎上,才能進一步說明當時的實際狀況,以及擇引時人評論以說明應所進退,藉由此種敘述客觀事實的表達方式,理解經文何以特書此字詞的用意,進而明其要旨。

但是我們參照經傳之文,劉師培認為字詞寓有評價的看法,很可能有問題。見傳文在經文首度出現「次」時,說明出師二宿以上稱「次」,而且久師必有其特別理由,否則班師應尚速早還。因而經書「次」時,表示事件非比尋常,是有其特殊用意,而且每書「次」的評價不見得相同。杜預《春秋釋例》謂「善不在次……,皆隨事實無義例也。」(《春秋釋例》卷四頁 3),認為經文書「次」僅是標示當時事件的不平常,並非有善辭、惡辭的分別,是隨著情況不同,事件各有其代表的意義。如昭公二十八年「公次于乾侯」,傳文載子家子之語於魯公曰:「有求於人,而即其安,人孰矜之?其造於竟。」後見魯公由於行止不當,下場正如家子所言,自取辱於晉,顯示一國之君明白政治上應對進退之宜,是非常重要的。其次,如僖四年諸侯師「次」於陘、召陵,傳文記述楚使與管仲的對話,而知當時楚之不敬王室,齊桓公號以尊王,則伐楚為義舉。齊桓公伐楚既為義舉,則兵師有制,此處書「次」是表現諸侯師不以殺戮爭征為目的,是為尊王室而討不庭,為不疾不徐的有制之師。是則《左傳》對於經文的詞語解釋是一致的。但是在詞語中寓有《春秋》之旨的書法,在傳文中並不見進一步的說明,也沒有以某特定詞語寓有一致的善或惡之旨的情形,非如劉師培在「詞例」中所認為的,以《春秋》之遣詞用字皆有善惡貶褒之旨的託寓。

劉師培於「詞例」中揭示「經字相同即為同恉,所以正義宜指而應物辨事也。」雖然經文之同字未如其言之有同一評價,然而劉師培說明經字相同其旨一同之必要,並提出傳文必說明經文使用詞語的一貫意義的看法,也突顯經文配合傳文之必要。

五、禮　例

周代建立的人文制度,最主要的內容在於禮制的建立。即天子諸侯卿大夫以至於民,各有其位,據禮以明其分位,行其所宜。也可以說,藉由各項禮制的規定與奉行,顯示社會中各人的等級分際,恰當的安排社會秩序,而

正名辨分的根據即由各項禮文，以及行儀中所包含的精神而來。劉師培認為經文之書就是據禮以制義，所依歸之禮即為夏商周三代以來，不斷沿革損益的禮制，其中周代是禮文制度最具創建性的時代，尤為《春秋》所宗。是以劉師培主張經約周禮，因此傳文釋經亦依周禮作傳，其謂：

> 先儒說經，並云經約周禮，據昭傳說。……則傳釋經事，凡以「禮」、「非禮」相明者，均周禮也。（同前，頁396）

傳文中有「禮」與「非禮」的記載，所稱大致依據周禮，對於經文特別的表現方式以及傳文釋經方式，有「禮例」一說。劉師培所說明的禮例包括有恆例、變例以及變禮三者。

劉師培認為禮例有恆例、變例，他說：

> 經有繁約，例有恆變，有書經為恆，弗書為變者。如公及夫人必書「薨葬」，內女書「歸」，夫人書「至」，大夫書「卒」是也。然薨不成喪則不書「葬」，逆不以卿則不書「至」，女適世子則不書「歸」，公不臨喪則不書「卒」，蓋禮區隆殺，殺則削書，鄰國所詳，惟限卒葬。詳內略外，經例然也。抑或恆禮不書，書昭正變。（《遺書·春秋左氏傳古例詮微》，頁396）

如公及夫人必書「薨、葬」，是經文恆例。而公及夫人書「薨」不書「葬」必有特殊原因，如隱公書「薨」不書「葬」，傳文謂「不書葬，不成喪也」指經文不書「葬」的原因，在於隱公之薨「不成喪」，亦即未以人君之禮葬隱公。「薨不成喪」是不合於禮的行為，是以經文作特殊的表達。因此，經文以「不書」為變例，而禮例的變例，必須配有傳文的說明，方能得知《春秋》書法所在。在變例與恆例的對照比較之下，得見禮與非禮。

此外，劉師培又說明經文有變禮之載：

> 其有恆禮弗書，惟書變禮者，經書作主立武宮、丹楹、刻桷、致夫人，僉云「非禮」。大水鼓用牲，則云「非常」。又三望之祭，不郊斯書。吉禘，莊公因速斯書，有事太廟逆祀斯書，朝廟告朔不告斯書，武宮之祭，去龠斯書。夫朝廟饗祀，有國之常，作主禘祭，亦又恆典，有舉必書，史之正也。經惟昭變，斯弗著恆，以變說恆，於制則悖。（同前，頁396）

變禮，乃經文記載當時不合於禮的種種行為，在傳文中以「非禮」之語辨明這些不當儀節的實際記錄。如莊二十三、二十四年的傳文謂「秋，丹桓宮之

楹。二十四年春，刻其桷，皆非禮也。」丹楹、刻桷是指修飾宮廟之事。然而自天子以至大夫、士，皆漆紅柱，亦不雕刻桷，因此莊公的行為顯然皆不符當時禮制。

綜劉氏所言，在「禮例」中，《春秋》包含有恆例，也就是一般合於禮法的史事記錄。傳文謂經文「不書」者則為變例，以其行止於禮不符，是則《春秋》不載其事以顯其旨意。至於變禮，是傳文中以「非禮」表示者，同樣是經文顯示周禮的表達方式。根據這些書法義例，後世可以從《春秋》的書法中，得見孔子對於周禮的理解方式，以及將周禮的儀節與內涵運用於當世的實際展現，是以劉師培謂：「後賢因經而識禮，先聖據禮以書經」。（同前）

六、事　例

《春秋》經文雖簡略，卻羅列了春秋時代各項重要的政治、人事變化與天災變異。對於孔子自眾多史事中，採取史事的抉擇標準，劉師培引劉歆語曰：「事舉其中，禮取其和。」在中和的精神下，若欲深切的刻劃人文，則必自在上位者，也就是政治、社會的統領者身上，明其行止，以昭其得失，是故《春秋》多資君臣之行事。

然而在記錄方式上，如果《春秋》經將一切行事與所欲彰顯的德刑禮義，巨細靡遺的紀錄下來，那麼經文必定繁雜而亡失其旨。而且《春秋》經文的文句簡錬，根本無法完整的兼顧各項事義的敘述或申論。據此，劉師培認為《春秋》經文雖然簡約，卻可以透過不同的敘述方式表現書法：

> 則矩范所程，義有分注，文既較略，蟫漏互昭，比而同之，疑眩難
> 一，則是見齊不見其踦也。（同前，頁397）

他指出經文所錄之事義各有異同，有些記錄之文較略，必須與性質相類之條文比而同之，以見其載事的差異，並透過這樣的差異，呈現《春秋》書法所在。

劉師培認為經文雖然多為簡略的歷史敘述，但是這些簡略的記事，記錄的方式各有差異。換言之，經文中相類的史事，並非以相同的方式作敘述。他認為比較各記錄的差異，再對比傳文的陳述，則可以解讀經旨。例如：

> 小朝大聘，傳揭明文。……晉遷新田。傳有行父賀遷之詞，經亦不書，
> 知非不告，蓋自遷不書，書則非意之遷也。是以許四書「遷」，三緣
> 楚命，邢衛遷國由迫，狄入蔡遷州來，亦由吳逼。（同前，頁397）

傳文中記載遷都之事頗多，在經文中有一定的方式表現遷國之緣由。蓋經文

不書遷國者，由傳文之敘述，可知是自主的遷移。如成公六年晉遷新田，是屬於自主的行為，故經文不書，不是因為晉沒有公告遷都之事，而為《春秋》所不及載。另一種經文特別書「遷」者，如「許遷于夷」則是受外力所迫而遷都者。這二種不同的情況，皆可經由傳文的敘述，得知經文對兩種遷移的原因，有不同的記載方式。

此外，由傳文可知經文之特殊書法者，如：

> 齊侯獻捷，以「非禮」書天王狩，晉以非地書，凡所稱舉，兼備事文，或略或詳，可隨證而析也。宋之華元奔晉書「歸」，蕩意諸奔魯不書「歸」，服云「施而不德」。晉執叔孫歸魯書「至」，季孫見執不書「至」，賈云「刺晉聽讒」。是明事同而取捨互異也。（同前）

如僖公二十八年經書「天王狩」，皆需透過傳文說明史事經過以及《春秋》之旨。在這一年的傳文中說明：

> 是會也，晉侯召王，以諸侯見，且使王狩。仲尼曰：「以臣召君，不以可以訓。故書曰『天王狩于河陽』，言非其地也，且明德也。」（《春秋左傳注》上冊，頁 473）

實際情況是晉侯召周王，僭越君臣之分，經文未依當時狀況如實書記，僅避重就輕的書以「天王狩」，而於傳文得見事實真相，並且說明孔子用意所在。

其次，經文簡略記錄當時史事，但比對傳文的記錄，其實當有許多經文未提及者。而經文未書之事，參照傳文的解說，則知經文不是毫無目的省略，這也是特殊的書法之一。劉師培說：

> 丘明以傳弼經，率以「書」、「不書」為說。內盟「不書」，傳以「黑壤」為諱。……夫經例所垂，既非故事，跡之所顯，豈可齊同，使非稱譬以明，分辨以喻，無異救經而引足也。（《遺書·春秋左氏傳古例詮微》，頁 397）

經文中標示事件的經過，傳文的解說有「書」、「不書」二種。「不書」之例如宣公七年經文，載魯公與諸侯會於黑壤。據傳文的記載，當時的情況是各諸侯在黑壤不僅聚會，而且立盟，但是經文書「會」而不言及「盟」，乃是因為：

> 冬，盟于黑壤。……晉侯之立也，公不朝焉，又不使大夫聘，晉人止公于會。盟于黃父，公不與盟。以賂免。故黑壤之盟不書，諱之也。（同前）

蓋當時魯公於晉侯之立時，不修朝聘之敬，未行應盡之禮，後晉人阻止魯公

參加會盟，魯公賂晉之後，始得獲歸，故經以「不書」諱之。劉師培所舉《左傳》謂「不書」以諱之之例，在昭公年間也發生類似情形。在十三年平丘之盟，魯公雖不與盟，經文書之，非見止於盟會，在十六年春魯公在晉，經文未書，傳文說明是晉人止公，不書乃是諱之。

　　劉師培結合經傳，說明「事例」有二類書法。一、性質相似的史事，經文卻有不同的記錄方式，在對照經文的不同後，須藉由傳文的史實敘述、說明，了解《春秋》其中旨意。二、經文所錄之史之至少應該相符於事實狀況，可是卻和傳文可得知的史文記載，有許多明顯的出入，經文或者以避重就輕的方式記錄，或者不書其事，欲知其故，亦須對照傳文，方能瞭解其中用意。換言之，《左傳》配合《春秋》書法，如實的敘述史事，或敘事上的對比，得見經文異於史實的記錄，呈現經文書法與旨意。

　　綜上所論劉氏將《春秋》書法與傳文的義例大致提舉如前六類，顯示《春秋》有大異於史文的特殊筆法。這些筆法單就經文本身是無法看出，唯有對照《左傳》中所列錄的義例或史述，方有一窺經義的可能。據劉氏所論，除了「詞例」之外，尤其是另外的五例皆有傳文所言「不書」、「不稱」等特別「變例」，主要都是藉由表述經文缺載的史文，說明經文所欲呈顯之意旨，是《春秋》簡鍊而曲折表達方式之一。易言之，在經文短而少的語言限制之中，史文錄與不錄的選擇代表編著者的抉擇，而抉擇的標準與用意，則透過傳文表明。假若沒有傳文說明《春秋》未錄之文，則這一種經文的特殊表達方式將不知從何得見，對於大義的探求便有所缺失。這種《春秋》特殊的筆法與傳文的說解方式，顯示二者密不可分的一體關係。

　　其次，在《左傳》中說明經義的方式，大部分都不是以論斷的方式表現。在劉師培所論六例中看來，當中比較有明顯價值判斷之說例者，是其中有「禮也」、「非禮也」等明確的論斷之語者，主要原因乃是禮制為人之動作威儀的規範，在當時有其一定之則，因此有具體的評判標準。其他在「日月例」、「名例」、「地例」、「事例」、以及「詞例」中，劉師培舉例說明了各項《春秋》筆法所在，多為《春秋》對於史文錄與不錄的相對比較，從以得見《左傳》的義例，其中並沒有具體而明確的價值判斷。那麼《春秋》之旨如何從這些書法義例中得知呢？

　　劉師培論《左傳》的解經方式，非常強調「經著空文，傳形事實」，意謂

傳文不僅以義例來解說經文書法，更重要的是以史實的陳述來表現經義。同時，經文「不書」之「變例」，必須透過傳文的敘述實際狀況，才能進一步理解經文中不同於時的思慮，因此對於史實的檢別與選擇，也蘊含作傳者對於經義的理解。另一方面，不僅經文須透過傳文義例說明經旨，傳文也必須藉著經文表達上的不同，才能了解《左傳》義例所在，經旨的解讀才有可能。這顯示《春秋》是一部有意識選擇史文材料，審慎參酌文字的著作，不能只是史料、史書的刪節本；其中確實包含了編寫者的思想、及道德價值判斷。因此，透過《春秋》經文與《左傳》傳文的表達，方能呈現孔子對當代的解釋與理解，而後世即是根據這些解釋與理解，了解孔子的經世之道。

第二節　評論之語

在《左傳》中除了有「君子曰」或「仲尼曰」之類的評論語外，另於陳述史實的演變之際，亦隨經文說明史實，在記事當中常見有史墨、叔向、晏子及各國臣子的諫語或評論語。這些也是屬於《左傳》中的評論語，卻多被視爲單純史事敘述的一部分，忽視其評論之用，當然也沒有考慮到這些部分是否解經。如今人趙光賢將《左傳》中解經的評論語分爲三種形式，一是在記事文後加上「禮也」、「非禮也」等斷語。二是「君子曰」、「君子謂」、「君子以爲」等語。三是引用他人的話，主要是孔子的話來加以批評，是傳文中標示「孔子曰」、「仲尼曰」的部分。趙氏所論即未將時人評論列入。（《古史考辨·左傳編撰考》，頁 145）

然而劉師培認爲，先秦諸事中採用《左傳》者，不僅引史文，且引其義。他以《史記》爲根據，舉出其論《春秋》大義對照於《左傳》，證明《史記》多採《左傳》之義。劉師培指出：

> 《史記》之述《左傳》也，非惟述其事，抑且述其義。蓋《左氏》微言奧誼，恆寓于論事之詞。……以證史公稱《左傳》爲《春秋》，並足徵「君子曰」以下之文，非劉歆所增益；即《左氏》微言奧義亦或於是可窺矣。（《遺書·左盦外集》，頁 1604、1605）

也就是說從《史記》中可以看出太史公所記之史，多採用《左傳》的記事，同時也採用《左傳》的論事之詞。而《左傳》中的論事之詞，包括傳文中明顯標舉著「君子」、「仲尼」的論斷之語，以及時人評論二種方式。

一、「君子曰」、「仲尼曰」

　　《春秋》經傳藉著書法與義例，呈顯傳文在言斷行事之合禮或不合禮的同時，並詳細的說明當時人、事、物，描述當時眞實狀況，具體呈顯禮之所在。除此之外，傳文在敘事之末常見有「君子曰」、「君子以爲」、「仲尼曰」、「仲尼聞之曰」等評論。這些言論，劉逢祿認爲是劉歆或後人附益的解經語，本不屬於《左傳》。雖然他承認這些評論的作用是在解釋經義，卻是出自後人附益，所以這些評論所說明的道理不足取法，其價值亦無庸置論。

　　劉師培則說明這些釋經語，並非出於後人之手，而是經傳的書法的一部分，其謂：

> 僖傳釋晉文召王事云：「仲尼曰：『以臣召君，不可爲訓，故書曰：天王狩於河陽』」此孔子自顯書經之旨也。是傳文所枊，書法僉屬孔經。其云「君子曰」，君子以爲者，乃丘明題經之詞，亦以書法婶屬經文也。（《遺書》，頁391）

認爲這些評論的話語，標明「仲尼」者，是孔子本人說明經文的部分，而傳文中「君子」乃是左丘明，這部分的引語是作傳者解說經義的題詞。劉師培認爲這些在傳文中標示著「仲尼」、「君子」的言論，就是經傳直接示義的方式，並非後人附益，更不是劉歆所添加的解經語。劉師培指出「君子曰」、「仲尼曰」等，是《左傳》的解經語，至於這種解經方式如何展現經義則未加說明。

　　事實上，在傳文中的「君子曰」、「仲尼曰」的解經方式，大約可分爲二種：一、直接說明《春秋》書法的解經語。如桓二年傳云：「君子以督爲有無君之心，而後動於惡，故先書弒其君。」以及昭公三十一年傳文以「君子曰」的方式，說明《春秋》筆法書名重地之因：

> 君子曰：「名之不可不愼也如是：夫有所有名而不如其已。以地叛，雖賤，必書地，以名其人，終爲不義，弗可滅已。……。齊豹爲衛司寇，守嗣大夫，作而不義，其書爲『盜』。邾庶其、莒牟夷、邾黑肱以土地出，求食而已，不求其名。賤而必書。此二物者，所以懲肆而去貪也。若艱難其身，以險危大人，而有名章徹，攻難之士將奔走之。若竊邑叛君以徼大利而無名，貪冒之民將實力焉。是以春秋書齊豹曰『盜』，三叛人名，以懲不義，數惡無禮，其善志也。故曰，春秋之稱微而顯，婉而辨。上之人能使昭明，善人勸焉，淫人懼焉，是以君子貴之。」（《春秋左傳注》下冊，頁1512、1513）

二、說明《春秋》經文所述史文以論其理，在昭公二十年經文記載盜殺衛侯兄縶之事，同年的傳文謂：「仲尼曰：『齊豹之盜，而孟縶之賊，女何弔焉？君子不食姦，不受亂，不為利疚於回，不以回待人，不蓋不義，不犯非禮。』」在這樣的評論說理當中，說明了經文書此文的立場，也就是以「就事論理」的方式表現《春秋》之義。

以上述兩種「君子曰」、「仲尼曰」評事論理的形式解經，可以說是《左傳》解經的主要方式之一。在傳文中總共有二十六條的「仲尼曰」、「孔丘明」的引語，「仲尼曰」等孔子自述之詞中，並無關於經文書法的說明，全都是對於時事的評述。「君子曰」等語，大部分也都是對於史文的評述，說明經文書法者反而不多。

二、時人評論

劉師培認為《左傳》中說明經義的，不僅是義例和明晰可知的「君子曰」、「仲尼曰」等解經語，這些時人的評論語也是出自孔子之語。因為：

> 《左傳》一書所記、所陳，亦大抵出於仲尼之語。特《左氏》于孔子所講演者，復參考群書，傳示來世。今觀《左傳》所記載，若臧哀伯諫君之語、王子朝赴告之文、僖伯諫君觀魚、富辰諫王納狄、王孫勞楚備詳九鼎、季札觀樂縱論國風、郯子聘魯言少昊以鳥紀官、魏絳和戎言夷……語詞浩博，多或千言。當仲尼講授之時，不過僅詳大旨，必非引誦全文，蓋《左氏》復據百二十國寶書以補之耳。(《遺書・讀左劄記》，頁 352)

他認為孔子口授之學包括許多時人之語的徵引，而《左傳》所記載的，就是根據孔子講授之旨，取各國史書以徵實、補充孔子之語。再者，劉師培根據孟子之語「魯之《春秋》，其事則齊桓晉文，其文則史。」，認為：

> 孔子之授《春秋》，非惟記其事，亦且徵其文，《左氏》輯為一書，固孔子之志也。(同前)

所以，《左傳》中有關史實的論述，無論是記事或是評論之語，都是孔子之旨的展現。

今人趙光賢雖然將《左傳》的內容分別為記事和解經語二部分，同時他也說明《左傳》中的記事和解經語二者之密切，常常不易辨別。如傳文的首篇：

　　惠公元妃孟子。孟子卒，繼室以聲子，生隱公。宋武公生仲子。仲

　子生而有文在其手，曰爲魯夫人，故仲子歸于我。生桓公而惠公薨，

　以隱公立而奉之。（《春秋左傳注》上冊，頁 2 至 4）

這些都是記事之文，但是這段話的用意在於說明下文「不書即位，攝也」，因
此這段記事是用來解經的。（《古史考辨・左傳編撰考》，頁 144）。因此，這些
時人的評論可以說如同「君子曰」、「仲尼曰」等解經語，是不同於以義例說
明《春秋》書法的另一種解經形式。如昭公二十九年，晉國趙鞅、荀寅鑄造
刑鼎，書以范宣子制定的刑法。《左傳》引述「仲尼曰」：

　　晉其亡乎！失其度矣。夫晉國將守唐叔之所受法度，以經緯其民，

　卿大夫以序守之，民是以能尊其貴，貴是以能守其業。貴賤不愆，

　所謂度也。文公是以作執秩之官，爲被廬之法，以爲盟主。今棄是

　度也，而爲刑鼎，民在鼎矣，何以尊貴？貴何業之守？貴賤無序，

　何以爲國？且夫宣子之刑，夷之蒐也，晉國之亂制也，若之何以爲

　法？（《春秋左傳注》下冊，頁 1504）

主要是說晉國應守唐叔之法度來治理人民，使卿大夫以至於民可以序守之，
而范宣子所制定的法令，是晉國的亂制，如何可以之爲法？這是晉國將亡的
徵兆。緊接在孔子之後的，是晉臣蔡墨的評論：

　　范氏、中行氏其亡乎！中行寅爲下卿，而干上令，擅作刑器，以爲

　國法，是法姦也。又加范氏焉，易之，亡也。其及趙氏，趙孟與焉。

　然不得已，若德，可以免。（同前，頁 1504、1505）

說明范氏改變國家的法令，而中行氏違反上面的命令，擅自鑄造刑鼎以爲國
法，這兩氏恐怕都要因此而滅亡了。而趙孟因不得已而遭受牽連，如果修養
德行或許可以避免趙氏的禍患。孔子和蔡墨皆從亂國法的角度作評，評論的
層次有所不同，孔子談的是由晉國施政論及整體的國運，蔡墨則是晉國掌政
者的起落，而細論其中鑄刑鼎參與者之是與非，但是這兩段的評論語顯然都
是針對晉大夫鑄造刑鼎這件事而發的。

　　另外，在成公七年吳國伐郯，繼之與郯成的記事後，傳文引魯臣季文子
之語謂：

　　中國不振旅，蠻夷入伐，而莫之或恤。無弔者也夫！《詩》曰，「不

　弔昊天，亂靡有定」，其此之謂乎！有上不弔，其誰不受亂？吾亡無

　日矣。」（《春秋左傳注》下冊，頁 832、833）

認爲蠻夷進攻，中原沒有憂恤之人，是因爲不善君的緣故，一如《詩》中所說上天不善，那麼禍亂就不會安定。季文子憂心中原的政局而發此語，傳文其後接之以「君子曰」：「知懼如是，斯不亡矣。」也就是認爲國中像季文子有這樣戒愼恐懼的思慮，是不會滅亡的。

由此二例可知，時人評論和「仲尼曰」、「君子曰」等解經語性質是類似的，因此傳文中敘述時人之語，其實也是另一種形式的解經語。在《左傳》中有更多時人評論不是緊接在「君子」「仲尼」之後者，這些也應該都是視爲解經語；當時評論事實之語必然非常眾多，《左傳》在採錄這些議論時必有其取向，因而這些經過《左傳》作者篩選的史評，可以說是《左傳》呈現思想的部分。

尤有進者，佔《左傳》絕多篇幅的記事之語，其功能的重要性不僅在昭《春秋》之事信，更在對史事的來龍去脈皆有一定程度的交代。從《左傳》細密地舖排君臣的對話、政治的決策過程以至於天文地理，得以知時代環境與整體局勢，使得後人對於《春秋》經文所欲彰明的君臣行事有詳盡的掌握。其中，更值得注意的是《左傳》對於這些事件的反省幾乎都書以大篇的評論，而在這個評論中同時展現了當代人所認可的周制禮義儀文。

總括劉師培說明《左傳》的解經方式：義例表現了《春秋》書法的獨特於史文之外，以曲折的方式呈現《春秋》意旨，而這些意旨的呈顯，又必須透過傳文相關史事敘述，而且爲史事述評則是另一種呈現《春秋》意旨的方式。其實不論是義例，或是史事述評的解經方式，都是透過經傳的比較與傳文敘述，去理解孔子面對當世的各種抉擇。因此，《左傳》結合了義例、史事、史評與「君子曰」、「仲尼曰」等的解經形式，以不同的方式呈現《春秋》的經世大義。然而劉師培所說明的《左傳》傳經方式，顯然不同於《公羊》、《穀梁》以義例爲《春秋》大義的唯一傳解方式。那麼《左傳》這樣的傳經方式，有著什麼樣的特色，這樣的特色是否代表了古文經不同今文經獨特之處呢？

第五章　《左傳》與古文經學的特色

　　根據劉師培對《左傳》解經方式的說明，可以知道《左傳》的內容皆關係著對《春秋》經義的理解，顯然他重視的是《左傳》解讀《春秋》大義的功能。

　　但是後人重視《左傳》，大部分卻著重在史事述評部分的史料價值，而將之視為記事之書，主張《左傳》不具傳解《春秋》大義的功能，使得《左傳》中義例與史事述評的述評的解經價值向來都被忽略。何以《左傳》解釋《春秋》大義的性質，被學者嚴重的忽略呢？主要是由於晉代的《左傳》學者杜預嘗試從史的角度來說明《春秋》的性質、經傳的關係，故在解經上也特別重視《左傳》中史文述評的價值。基本上，杜預的《春秋》觀和《左傳》解經方式，相當能突顯《左傳》重史的內容特色。只不過他以《春秋》書法為魯史之遺的觀點，卻造成許多的《左傳》解經義例被忽略，甚至招致《春秋》淪為史書的譏評。

　　清代的《左傳》學基本上不認同杜預的《春秋》觀與解經方式，如古文學家劉文淇的《春秋左氏傳舊注疏證》，即是在回歸漢儒與批判杜預的基礎上，所做的《左傳》新疏（這一部分的說明詳見第一章第二節「劉文淇的《春秋左氏傳舊注疏證》」）；劉師培根據劉文淇新疏的研究成果，進一步提出一套異於杜預的《春秋》觀，並對《左傳》的解經方式作系統的說明，呈顯《左傳》解經特點。此外，清代今文學也批評杜預的觀點，只是今文學家雖然批評杜預，但卻也接受杜預的說法，以作為今文家理解古文經與古文經學的根據。因此，劉師培要提倡古文經與古文經學，說明古文經異於今文經的特點，必須對杜預《春秋左傳》學加以批判與反省，並說明經學的發展與流變，說

明古文經學重史的原因，以闡述《春秋》經傳中史和經義關係，以反駁今文學家對古文經與古文經學的種種批評。

第一節　杜預《春秋左傳》學及其影響

東漢以後對《左傳》的研究興盛，如〈隋志〉錄有王朗《春秋左氏傳》十二卷、又載曹髦和嵇康《春秋左氏傳音》三卷、董遇《春秋左氏傳》三十卷，以及王肅《春秋左氏傳注》三十卷多家。在魏晉之際以賈、服注為主流，直到杜預《春秋經傳集解》出現，〈隋志〉謂：

> 永平中，能為《左氏》者，擢高第為講郎，其後賈逵、服虔並為訓
> 解，至魏遂行於世。晉時杜預又為《經傳集解》，《穀梁》范甯注、《公
> 羊》何休注，《左氏》服虔、杜預注俱立國學。……後學三傳通講，
> 而《左氏》唯傳服義，至隋則杜氏盛行，服義及《公羊》、《穀梁》
> 浸微。（《隋書·經籍志》三十二卷，頁 15）

說明隋代杜預注最為盛行，相對的造成《左傳》服注式微。同時，《公》、《穀》之說也隨著杜預《春秋經傳集解》的興盛而衰微。至唐代孔穎達作《五經正義》，對《春秋》的注疏亦採用杜預的觀點。其〈春秋正義序〉云：

> 晉世杜元凱又為《左氏集解》，專取丘明之傳以釋孔氏之經。所謂子
> 應乎母，以膠投漆，雖欲勿合，其可離乎！今校先儒優劣，杜為甲
> 矣。（《左傳正義》，頁 3）

可見他對杜預的《集解》評價極高。孔穎達注疏《左傳》主要就是根據杜預的《集解》，因而樹立了杜預《春秋》學的權威地位，使得其他的《左傳》研究也隨之散佚不見。

在漢代，《春秋》古經與《左傳》是分開在不同卷本，杜預則合經傳而釋之成《春秋經傳集解》。〔註1〕所著的《春秋經傳集解》（以下簡稱《集解》），

〔註1〕《春秋經傳集解》中〈釋文〉釋此書之名謂：「舊夫子之經與丘明之傳各卷，
　　　杜氏合而釋之，故曰「經傳集解」。此不題《左氏傳》，《公羊》、《穀梁》二傳
　　　既已顯姓別之，此不言自解。」
　　　在楊向奎《論左傳之性質及其與國語之關係》中曾論述：「《左傳》與經別行，
　　　因其記事多而書法少，不若《公》、《穀》之因《經》立義，故西漢人多已不
　　　知其書為傳經。」而《漢書·藝文志》又言劉歆始引《左傳》傳文以解經，
　　　是在杜預以前，經與《左傳》傳文應該是分開的本子。（《左傳論文集·論左
　　　傳之性質及其與國語之關係》，頁 45、46）

成爲現在最早而且較完整的一部《左傳》注解。此外，杜預的《春秋釋例》，主要是對《春秋》書法以及《左傳》義例的歸納與說明，是展現杜預《春秋》學研究成果的經解專書。因此，對於杜預的《春秋》觀以及解經方式的研究，必須根據《春秋經傳集解》與《春秋釋例》兩部書。

　　在杜預以前，支持《左傳》傳經之說的古文學家，相對於今文學家有著系統而明確的《春秋》學主張，如何休說明《公羊》傳的有一套三科九旨等說法，古文學家對《春秋》經的性質以至《左傳》傳經的方式，只能由東漢的《漢書‧藝文志》中載述有關《春秋》經傳的說法，略見其主張。

　　〈漢志〉所述大抵承《史記》的說法，以《左傳》爲孔子所親授，乃是配合經文的傳經之作；這樣的立場基本上是同於古文學派的主張。《史記‧十二諸侯年表》云：

> 是以孔子明王道，干七十餘君，莫能用。故西觀周室，論史記舊聞，興於魯而次《春秋》，上記隱、下至哀之獲麟，約其辭文，去其煩重，以制義法。

太史公認爲孔子簡約《春秋》的文辭，以制義法於其中。史公謂孔子「制義法」可以有兩種解釋，一是如今文家所謂孔子制新法，一是孔子爲寓大義於其書，故制作義例書法，因此義法不一定指孔子創發的新制度。在這個問題上，〈漢志〉的立場比《史記》更明確：

> 周室既微，載籍殘缺，仲尼思存前聖之業，乃稱曰：「夏禮吾能言之，杞不足徵也；殷禮吾能言之，宋不足徵也。文獻不足故也，足則吾能徵之矣。」以魯周公之國，禮文備物，史官有法，故與左丘明觀其史記，據行事，仍人道，因興以立功，就敗以成罰，假日月以定曆數，藉朝聘以正禮樂，有所褒諱貶損，不可書見，只授弟子。丘明恐弟子各安其意，以失其眞，故論本事而作傳，明夫子不以空言說經也。

〈漢志〉說明《春秋》之作，有「假日月以定曆數，藉朝聘以正禮樂，有所褒諱貶損，不可書見」等孔子託寓之義，這些寓意的表現在於日月朝聘的記錄上。〈漢志〉認爲孔子作《春秋》，是藉書法託以大義，目的在於保存周公之聖業，並未指出孔子有「作新制」的目的。而孔子保存聖業的方式，就是根據魯史作《春秋》。〈漢志〉說明魯國是周公之國，意謂著魯行周公之制，是以齊備周之禮制，而且〈漢志〉認爲魯國的「史官有法」，故孔子觀之。在這裡，〈漢志〉雖然沒有說明孔子作《春秋》採用魯史之法，但是由文中說明

孔子據魯史以作《春秋》的說法看來,〈漢志〉認爲《春秋》有可能承繼了魯國史法。換言之,〈漢志〉認爲,孔子不僅是採用魯史的史料,而且在書法上也根據魯史之法。

〈漢志〉的觀點基本上由杜預所繼承,只不過杜預在這基礎上又加以擴展,成爲一套說明《春秋》性質以及經傳關係的理論,在其〈春秋序〉中,〔註 2〕說明《春秋》立名之由、經義的表現方式,以及總括《左傳》的釋經方式。杜預的《春秋》學理論敘述詳明而有統系,因而他的觀點也就成爲古文學家論《春秋》、《左傳》最具代表性的主張,甚至又被視爲是自劉歆以來古文經派意見的綜論,如現代學者沈玉成、劉寧所言:

> 兩漢的今文學家推尊《春秋》,以爲是孔子爲萬世所作之經,具有種種精微奧妙的大義,是永垂不巧的大法;古文家的意見,今天所能見到的都是一鱗半爪,〈春秋序〉中所作的申述,無妨看成是對東漢以來古文學派見的一次集中概括。(《春秋左傳學史稿》,頁 139)

因此,一般學者對古文經與古文經學理解,可以說是來自於杜預的觀點,而後世對於古文經與古文經學的研究或者攻擊,亦莫不以杜預的《春秋》觀爲對象。

一、《春秋》的性質

對於《春秋》的性質,杜預認爲《春秋》的製作乃是承自魯史。他在〈春秋序〉中首先指出:

> 「春秋」者,魯史記之名也。記事者以事繫日,以日繫月,以月繫時,以時繫年,所以紀遠近、別同異也。(《左傳正義,春秋序》,頁 6)

他認爲「春秋」是魯史記之名,以編年的方式記錄歷史事件。而魯史「春秋」如同各國的史記,有其著作目的:

> 周禮有史官掌邦國四方之事,達四方之志,諸侯亦各有國史。大事書之於策,小事簡牘而已。孟子曰:「楚謂之《檮杌》,晉謂之《乘》,而魯謂之『春秋』,其實一也。」……周德既衰,官失其守,上之人不能使「春秋」昭明,赴告策書,諸所記注,多違舊章。仲尼因魯史策書成文,考其眞僞而志其典禮,上以遵周公之遺制,下以明將來之法。(《左傳正義·春秋序》,頁 10)

〔註 2〕 此序又疑爲杜預另一著作《春秋釋例》之序,而《正義》判斷應爲《集解》序,今從之。

他認為周有史官作史書，目的在掌四方之事，以達四方之志。各國史書有不同的名稱，如孟子論及楚之《檮杌》、晉之《乘》，魯之史書則名為「春秋」。直到周室德衰，史官失守，所記的赴告策書多違固有的書史之法，因此這些著作無法發揮昭明的作用。為了發揮魯史「春秋」的功能，孔子因此制作了《春秋》。而《春秋》的制作主要是根據史書舊章之史法，目的也在於昭戒後人，示以經國濟世之理法，而此經世之法，杜預認為來自於孔子遵奉的周公之法。

　　杜預認為《春秋》並不是孔子的改制之文，而是孔子為了保存周公聖業而成的的著作。故孔子《春秋》錄列魯國史事，即是直接保存周公的禮義之法。其〈春秋序〉引《左傳》昭公二年傳文：

> 韓宣子適魯，見《易》、《象》與魯「春秋」，曰：『周禮盡在魯矣。
> 吾乃今知周公之德與周之所以王。』韓子所見，蓋周之舊典禮經也。
> （《左傳正義・春秋序》，頁 9）

說明所謂的魯「春秋」，指的是魯史記之策書，是孔子《春秋》出現以前的魯國史記。且從文中韓子歎稱在魯得見周禮，而知周公之德與王天下之因，可見韓子非常推崇周禮，並且認為周禮的呈現在於《易》、《象》和「魯春秋」中。關於此點，孔穎達加以說明謂：

> 「春秋」遵周公之典以序事故，故曰「周禮盡在魯矣」。……制禮作
> 樂，周公所以明，策書禮經，亦周公所制，故下句每云周公正，謂
> 五十發凡是周公舊制也。必知史官所記，有周公舊制者。（《左傳正
> 義・春秋序》，頁 9）

認為「魯春秋」是遵從周公之典的歷史記錄。然「周公之典」可以指周公創立的典制，或是周公記錄典制的「禮經」。《疏》謂周公制禮作樂，而「策書禮經亦周公所制」，基本上是認為周公制有「禮經」，而禮經的主要內容，就是他創立的禮樂制度。由上可知，杜預認為「魯春秋」記錄原則是遵行周公的禮經，是以透過魯國的歷史記錄，可以了解周公制法與治世之理。

　　由於杜預認為孔子修作《春秋》，是對魯舊史作部分的刪修，因而《春秋》多有承舊史文句者：

> 其教之所存，文之所害，則刊而正之，以示勸戒，其餘則皆即用舊
> 史。史有文質，辭有詳略，不必改也。故傳曰：「其善志」，又曰：「非
> 聖人孰能脩之。」蓋周公之志，仲尼從而明之。（《左傳正義・春秋
> 序》，頁 10）

他基本上認爲《春秋》是根據行周公之法的魯史而修作。孔子修魯史的方式有二個，一是將史官失守而作的不良記錄加以刊正；一是保存魯史中切合周公之法的部分，這個部分也就是不需改動的魯史舊文。依杜預的說法，《春秋》經文大多保存了魯史的原貌，因此不必改動的魯舊史是《春秋》經文的主要部分。換言之，他認爲《春秋》的製作，其實是孔子對當時失守亂道的史官記錄加以修改，而修改的標準是來自周公的舊法。因此，杜預不僅認爲《春秋》經文多爲舊有的魯國史文，也認爲《春秋》中所載託的體制、志義，皆是來自周公的創發，孔子則爲善述之功；也就是杜預將《春秋》中寓有的經世大義，歸本於周公之法。

二、《春秋》書法與《左傳》解經方式

杜預認爲《春秋》大部分是魯史舊文，爲史書固有的表達方式，另外有孔子新意者，其實也是根據周公舊典的標準，修改史官失守的魯史記錄。因此，《左傳》解釋《春秋》之義，主要在敘述《春秋》所載的魯史，魯史的內容其實就是各項歷史事件。而這些歷史記錄的原則來自於周公之法，因此對於周公之法，以及孔子據之所作新意，《左傳》亦必須有所說明。

在〈春秋序〉中，杜預認爲《春秋》書法，是經文呈顯經世之法的表達方式，而理解經文書法，必須透過《左傳》的義例說明。因此，他指出「發傳之體有三」（《左傳正義・春秋序》，頁11），將《春秋》書法大致分爲三類，《左傳》的義例基本上就是對這三類的書法提出解釋。根據孔穎達的說明，這三個部分爲「發凡正例」、「新意變例」、「歸趣非例」，〔註3〕具論如下。

「發凡正例」，杜預認爲這部分的義例承自魯史之法，也就是魯史書法的「舊例」：

> 其發凡以言例，皆經國之常例，周公之垂法，史書之舊章，仲尼從
> 而脩之，以成一經之通體。

這些爲魯史原有的部分，是承自周公的固有書法，也就是史書舊章固有的表達方式，是以《春秋》這部分的書法，及《左傳》說明書法的義例，都是根據周公之法而來的。此外，杜預釋例有「五十凡」之說；〔註4〕他在〈春秋序〉

〔註3〕《孔疏》正義曰：「傳體有三，即上文發凡正例、新意變例、歸趣非例是也。」（《左傳正義》，頁13）

〔註4〕在《左傳》中言「凡」者數約五十，而杜之說例數四十二。

中說明「經之條貫必出于傳，而傳之義例總歸于凡」，認爲傳中書「凡」者爲貫穿全書闡釋經文字詞的運用方式。以傳文中書「凡」者皆屬此例，顯然以此爲《春秋》書法的基礎。

其次，「新意變例」，杜預認爲：

> 其微顯闡幽，裁成義類者，皆據舊例而發義，指行事以正褒貶。諸稱書、不書、先書、故書、不言、不稱、書曰之類，皆所以起新舊，發大義，謂之變例。（同前）

在《左傳》傳文中某些特定的提稱詞，如「書」、「不書」、「先書」、「故書」、「不言」、「不稱」、「書曰」等文，是孔根據舊例，即固有的史書舊例，正行事之褒貶而闡發之義者。孔穎達釋此謂：

> 諸傳之所稱「書」、「不書」、「先書」、「故書」、「不言」、「不稱」、「書曰」七者之類。皆所以起新舊之例，今人知發凡是舊七者，是新發明經之大義，謂之變例。然亦有史所不書即以爲義，此蓋《春秋》新意，故傳不言凡，曲而暢之也。（《左傳正義·春秋序》，頁 12）

這些部分是舊史不及載義，而爲表達孔子之意的《春秋》書法，即所謂的變例，亦即《春秋》新意。所謂「新意」乃是根據舊史書例的原則，正行事之褒貶，闡發其中爲史書所未及的道理而做的表達。換言之，變例是孔子面對當代時事所作的評判，而評判的標準，是來自於史書舊例，亦即周公之制。因此，變例雖然是孔子所創，但是這部分的書法基本上是根據舊例變化而來的。

此外，「歸趣非例」，杜預說明：

> 其經無義例，因行而言，則傳直言其歸趣而已，非例也。（同前）

是經文沒有特別書法，故傳也無義例可言，但這也是《春秋》大義另一種表現方式。杜預認爲傳文不必皆以義例的形式標舉《春秋》大義，而可藉著史事的敘述，也就是事件本身來表現道理或特別的意義。且史官於記錄史實時，由內容取捨不同，故所表現的意義也不盡相同，因此這一部分的記錄，也是《春秋》新意。

綜上所言，杜預對《春秋》書法的說明，無論是周公垂法的凡例部分或是孔子新意的變例部分，皆是根據魯舊史的書例，而且這些書法，必須透過傳文某些特定詞語，如「凡」、「書曰」、「不書」等的標示與說明，才能有所了解。此外，由於杜預以經文多爲魯史舊文，在這樣的觀點下，《春秋》經文具有濃厚歷史性格。杜預提出「歸趣非例」的經傳發義方式，以傳文就行事而言歸趣，

是經義的表現方式之一，顯然認為傳文中的史事說明與述評，是理解《春秋》
大義的一種方式。換言之，杜預認為《春秋》的經義可以藉由《左傳》中歷史
事件的敘述獲得了解，顯示杜預非常重視當中歷史事件的敘述說明，認為可以
從中尋繹出規範與準則，以提供後人依循的經世之道。

　　杜預認為理解《春秋》經義方式之一，是透過經文書法的說明，也就是
《左傳》的各項義例，他著有《春秋釋例》，系統的整理出《春秋》書法，以
及《左傳》說明書法的義例。杜預在〈春秋序〉中首先表明其不認同漢儒解
釋《左傳》義例的立場。他說：

> 大體轉相祖述，進不成為錯綜經文，以盡其變，退不守丘明之傳。
> 於丘明之傳有所不通，皆沒而不說，更膚引《公羊》、《穀梁》，適足
> 自亂。預今所以為異，專脩丘明之傳以釋經，經之條貫，必出於傳，
> 傳之義例，揔歸諸凡，推變例以正褒貶，簡二傳而去異端，蓋丘明
> 之志也。其有疑錯，則備論而闕之，以俟後賢。然劉子駿創通大義，
> 賈景伯父子、許惠卿皆先儒之美者也，末有穎子嚴者，雖淺近亦復
> 名家，故特舉劉、賈、許、穎之違以見同異。（《左傳正義·春秋序》，
> 頁 15、16）

基本上，杜預也歸納傳文之義例來釋經，卻不完全接受漢儒說解的義例。他
認為漢儒解釋《左傳》義例時沒有嚴守左明作傳之旨，雜引《公羊》、《穀梁》
之經說，表面上似乎是反對今文經解雜入古文家說，但是杜預在說明書法義
例時，卻又承認他的做法是「簡二傳而去異端」，也就是不完全排斥《公》、《穀》
二傳的經說。因此，杜預批評東漢賈、許之說有同於二傳者，目的不在反對
或排斥二傳的經解，而是在具體上的經說釋例上，有不同於漢儒的說法。換
言之，杜預批評漢儒主要是因為經說見解上的差異，對經義有一套不同於漢
儒的理解方式，是以對於「異端」的看法不同，在「簡二傳」時的經義抉擇
也與漢儒等人不相同。

　　在實際的釋例工作上，杜預的釋例多異於漢代古文家賈、服的說法。特
別是漢儒解說的部分義例，杜預認為這部分傳文是「由事見義」，亦即根據傳
文的敘述就可以解讀經義，不必透過義例的說明來解讀經義。因此，杜預認
為漢儒多有妄增的義例，其釋例時也就取消了許多漢儒說明的義例。如「書
次例第二十九」，杜預謂：

> 「凡師一宿為舍，再宿為信，過信為次。」此周公之典，以詳錄師

> 出入、行止、遲速，因爲之名也。兵事尚連，老師費財，不可以久。
> 故《春秋》以告命三日以上，必告其「次」……。所紀或「次」在
> 事前，「次」以成事也；「次」在事後，事而成「次」也，皆隨事實
> 無義例也。而賈氏皆即以爲善「次」，「次」之與否，自是臨時用兵
> 之宜，非禮之所素制也。若「魯公次于乾侯」之比，非爲用師，不
> 應在例而復例之，亦爲濫。(《春秋釋例》卷四頁3)

杜預認爲經文書「次」，是承自周公之制。基本上，杜預認爲經文書「次」，
主要在記錄軍隊出入之況，《左傳》並未申其義例爲何，此乃因「直書其事，
具文見意」的詮經方式（〈春秋序〉），因而經文書「次」，「次」在事之前或之
後，都是隨事實而記。然而漢儒認爲「次」是寓有評價的語詞，爲嘉善之辭，
是表達經旨的一項義例，杜預則認爲這樣的解說太過，是賈、服妄增傳文之
義例。換言之，在面對《春秋》同一項書法時，漢儒認爲有特殊寓意的部分，
杜預則認爲是周公舊法，是史官的記錄方式，其中沒有孔子託寓之義，乃是
《春秋》隨事變而記，可以就事以見義，不必增添義例的說明。因此，杜預
多以周公舊法解釋《春秋》的書法，而以就事以見義的方式取消漢儒的義例
說解，因此在定例上多與漢儒有異。

再者，杜預以舊史策書之遺解說《春秋》經傳之書法義例，並且認爲《春
秋》經旨就在於這些歷史事件中所呈現的先王之制與經驗教訓上。那麼他的
解經除了在義例的看法上不同於東漢古文家外，也與今文學家完全依例釋義
的方式大異其趣。《左傳》內容異於《公》、《穀》二傳者，在於大量史文述評，
杜預的解經方式與實察的經解，徹底發揮了《左傳》的內容特色，藉此展現
《左傳》優於《公》、《穀》二傳的解經價值。然而杜預《春秋》觀與實際經
解，是在肯定、根據周文禮法的前提下，所建構的一套理解《春秋》的方式，
完全不同於今文學家以孔子爲制法之素王的理解方式，這也就成爲今文學家
批評杜預的焦點。

三、今文家對杜預的批評

《春秋》寓有經世大義，是今、古文家一致的立場，只是今文家強調《春
秋》大義是孔子所創發，而以杜預爲代表的古文家則認爲，大義主要是來自
周文舊典，爲周公之法。前者著重傳文義例說明的解經功能，後者則藉由具
體歷史事件的說明以呈顯經義。

　　杜預《春秋》觀展現出古文家的經學見解，引發後世今文學對古文經學的種種疑難。這些疑難表現在二個問題上：一、解經方式。今文家認為杜預以史解經，使得《春秋》淪為史書，這樣的解經方式貶抑了《春秋》之為「經」的價值。二、杜預以《春秋》為周史之遺，大義為周公之法的觀點。今文家認為這樣的觀點，使得應具有創發大義之功的孔子，淪為述史之聖。

　　如清代今文學家皮錫瑞云：

> 錫瑞案：劉氏據《左傳》而疑經，謂經全因舊史，已是大惑，又據《竹書》而疑，謂經何以不改舊史，更滋其惑，而其惑實始於杜預。（《經學通論》，頁64）

皮錫瑞認為劉知幾以史學論《春秋》經文，造成《春秋》的經學與史學研究領域的混淆，肇始於杜預。因此，今文學家不同意的，不僅是杜預以《左傳》為解《春秋》經的主要典籍，更重要的是杜預的解經方式，使得《春秋》經學上的價值轉向史學，取消了闡明《春秋》經世微言的立論基礎。

　　今文學者批評杜預以《左傳》解經的立場，認為《左傳》所重者乃是史文，不能解釋經文書法以至於經世之義，而《春秋》實乃重義不重事，因此《左傳》的史文不足以解經義。如皮氏引宋劉敞《春秋權衡》之說，認為以《左傳》解經之蔽有三：

> 從赴告，一也，用舊史。二也，經闕文。三也，其史非聖人所遺也，如謂史之記從赴告而已，則亂臣賊子何由而懼。如謂《春秋》用舊史而已，則何貴於聖人之筆削也。……如謂經之闕文，皆聖人所遺者，苟傳有所說而不與經同，盡可歸過於經，何賴於傳之解經哉？故《春秋》者，出於舊史者也，而《春秋》非舊史之文也。舊史者，出於赴告者也，而舊史非赴告之辭也。傳者，出於經者也，而傳非經之本也。今傳與經違，是本末反矣。（同前，頁80）

劉敞認為古文家以《左傳》解經的特性，一是認為《春秋》之作，就是當時的赴告、舊史之文，二是認為經文有許多闕文現象。這樣的特性，就是杜預在〈春秋序〉中表明的立場。因此，很明顯劉敞的批評是針對杜預《春秋》觀。劉氏認為若依《春秋》經文是從赴告、舊史之文來看，當赴告、舊史之文是史官備受脅迫情況下寫成，而《春秋》經文又依此不實之文，則《春秋》令亂臣賊子懼的力量將會消失。再者，《春秋》若多為舊史之遺，那麼不必孔子筆削，就有義例的存在，孔子筆削也只成錦上添花，不是必要的過程了。

此外，對杜預以經無而傳非直辭者，乃是史有詳略，爲《春秋》之闕文，不必以此強爲《春秋》書法的看法，杜預指出：

> 凡此三百七十餘條，劉、賈、許曲爲辭義，來盟細碎，既非經傳本體，又諸無傳者，或有直辭，不須傳文絕落，而諸儒妄爲生義，趨于不窮，今諸經無傳非直辭者，皆從闕文也。（《春秋釋例》卷一，頁7）

劉敞認爲杜預這樣的說法，是完全依照《左傳》的敘述解釋經文，對於經無傳有的現象，也是準以《左傳》史文，而謂經文闕漏。如此一來，傳文不必依附於經文作解釋，只根據《左傳》傳文就可說明經義。在杜預這樣的解經方式下，皮錫瑞於是論斷：

> 治《左氏》者，先觀杜《解》、孔《疏》，再及李貽德《賈服輯述》，以參考古義，顧棟高《春秋大事表》，以綜覽事實，然亦只是《左氏》一家之學，於《春秋》之微言大義，無甚發明。（《經學通論》，頁89、90）

認爲杜預的《左傳》學是一家之學，可以無關於《春秋》之旨。換言之，今文學者認爲杜預偏向完全從《左傳》的立場解釋《春秋》，如此解說經旨時，經文的存在不爲必要。

因此，後人認爲杜預以《春秋》是周公垂法、仲尼述之的說法，實乃埋沒了孔子制作大義的功德，將創發大義之功由孔子轉向周公，是對孔子地位一大貶低。尤其今文學家向來主張孔子爲素王、作新制，《春秋》的大義及制法皆爲孔子創發，故對杜預的說法更是大加撻伐，因而周、孔地位的安排，也就成爲今文家非難古文家的核心問題。

然而杜預尊崇周公的治世之法，將《春秋》的治世大義，視爲周公之遺，並不代表他貶低了孔子修作《春秋》的地位。根據《尚書》的記載，周公非常重視歷史教訓，常以夏殷亡國的經驗警惕周人，因此周公所創制的周代儀文也是在吸取殷周歷史經驗的基礎上發展起來的。同樣的，孔子錄魯史舊文而成《春秋》，根據舊例而成新意，可以說是在周代儀文制度的基礎上，有所闡述並作進一步的發展，是以杜預實認可《春秋》中有孔子新意，又謂《春秋》經「非聖人孰能脩之」，更可見杜預意不在推崇周公，貶抑孔子。歷史文化是不斷累積的成果，杜預之所以特舉出周公的地位，在於他認爲聖人是能掌握歷史軌跡，對於人文教化有所貢獻，且於前人之經驗有所習取，以爲經

世之道者。換言之，杜預並不是從「創發」大義的角度評價周公與孔子，而是從掌握歷史的角度評價之。因此從杜預的觀點看來，周公和孔子的地位並沒有高下之分，二者都是在不同時期中，善於觀察歷史以處治人倫的聖者。

再者，杜預以孟子之論楚《檮杌》、晉《乘》和魯《春秋》（為孔子尚未修之魯史）等國的史書，雖為性質相同的史籍，但因杜預以魯行周制，故據魯行治之跡，可得見周代之禮文制度；亦即就魯史所記載之行事，可以得知周之制法垂文。換言之，杜預認為魯史本寓有治世之法，而為《春秋》經文的主要內容，不煩孔子申之，是以杜預同樣是奉《春秋》為經，並不以《春秋》為史。因此，杜預在經解上不同於今文學家的原因，不在於奉《春秋》為經或史的立場不同，而在於解釋《春秋》大義的方式有不同的認知。亦即杜預認為除了「義例」是說明《春秋》大義的一種方式，傳文所傳文所述的歷史事件本身亦可呈現經世大義。因此杜預的傳解特別注重述史詳盡的《左傳》。但是根據杜預的經解，多據《左傳》之文以釋經義，而經文的書法，無論是「凡例」或「新意」，都可據傳文經例來說明《春秋》大義。是以傳不依據經文即可釋經義，如此一來，經文不為必要，而《春秋》「經」的地位只具形式上意義。

綜上所論，今文家批評杜預貶低孔子的地位，其實是來自於兩者不同的評價角度，以及對《春秋》不同的理解方式。但是杜預奉《左傳》為解經要典，特別重視史文方面的價值，卻埋沒了部分解經方式，對經文大義的詮解顯然有不足之處，他的經解又使得《春秋》經文在表現大義上不具實質意義，這些都是同以《左傳》為解經要典的後世古文學者必須要解決的問題。

第二節　劉師培對杜預《春秋左傳》學的批評

面對杜預《春秋左傳》學所引起今文家對古文家的批評，劉師培不僅批判杜預的研究成果，從另一方面來說，他的目的也在於澄清學者對古文經學的誤解。劉師培從《春秋》觀和《左傳》的解經方式兩方面，說明杜預的《春秋左傳》學的弊病，並針對這些弊病，提出可以代表古文學派的論述。

一、劉師培評杜預的《春秋》觀

《春秋》經乃孔子以魯史為基本材料而成的著作，這是三傳的基本看法。

所不同者在於今文家以《春秋》大義是孔子的創發；杜預與劉師培等《左傳》學者，則認為《春秋》大義的基礎是周代禮文制度。然而杜預與劉師培雖同以《左傳》為傳《春秋》的主要典籍，兩者的《春秋》觀卻有一些差異。前者認為《春秋》大部分是存錄舊史文辭，後者認為在《春秋》經文的製作過程中，《春秋》的經世大義並非是直接存錄舊典禮經而成。劉師培認為《春秋》雖是修改舊史文辭而來，卻必須經由孔子重新構作，方有展現經世大義的可能；舊史文辭並不能表現可稱述的周代禮文制度與內涵。

　　故劉師培對杜預以魯國行周制，所以可依史所載行事以見周文垂法的說法，認為是很有問題的。因為周公的制禮作樂固為周初之盛事，然而制度之施行，有因時、地、事而損益之況，即使周禮盛行於魯國，其施行的情況亦必有異於周公時之制。劉師培認杜預沒有考慮到這些不可避免的變遷現象：

> 由周代之制亦前後不同，如武王所行之政，殊於文王之治岐，而周公所定之制，又殊於武王開國之初。蓋侯國之制，異于王畿，而守成之法，又異于開創，是猶西漢初年之制，異於孝武時代也。故西周末之制，又與周初不同。東周以降更無論矣。（《遺書・論孔子無改制事》，頁 1634、1635）

再者，魯國實雜用夏商之制，不全然採行周制，因此魯史所記不只是周之行制。由於這樣的緣故，魯史中的記錄不必然就是周公所制的禮文，因而也不能將魯史就視為周代的舊典禮經。

　　另外，杜預認為《春秋》經傳之書法義例，原本就是記載在史書上的周公治法，而由孔子修之而成的著作。劉師培指出，連遵從杜注的孔疏，也不太同意杜預這種說法：

> 又杜氏《集解》自序云：「其發凡以言例，均經國之常制，周公所垂法，史書之舊章，仲尼從而修之，以成一經之通體。」孔氏《正義》云：「杜言發凡五十，皆是周公舊法，先儒之說《春秋》者多矣。皆云丘明以意作傳，說仲尼之經，凡與不凡，無新舊之例。」案所謂先儒者，即東漢賈、服諸儒之說，蓋漢儒以《左傳》凡例多出丘明之意，與杜氏以凡例為周公舊法者不同。《正義》引此，蓋亦不以杜說為然。（《遺書・讀左劄記》，頁 357）

根據東漢賈、服等人的說法，劉師培認為《春秋》經傳的發凡起例，不是杜預所說皆是周公所遺存的舊史書法，而是出於《左傳》作者之意，是傳文解

釋經文的方式之一。換言之,《左傳》義例不全然是史書遺法,而是《左傳》的作者藉以說明《春秋》經義的表現方式,因此也不能就是史書遺法。

　　劉師培進一步指出,杜預之所以將經傳之書法、凡例源自周公之垂法,是由於杜預並未區分好國家的治法與史官書法,乃是不同層面的記錄:

> 考《周禮》太宰掌建邦之六典,鄭注云:「典,常也;經也,法也。」王謂之禮經,常所乘以制天下也,邦國官府謂之禮法,常所守以為法式也,是禮經即周典。周典之例,國例也;《春秋》之例,史例也。史例與國例不同。若謂《左傳》凡例即周公所定之禮經,是混史例于國例之中也。(《遺書》,頁 1635)

由於杜預認為周公的法治規章,為史官所記載而成為一套「禮經」,而《春秋》根據這部由當時史官記錄下來的周公垂法,是以《春秋》書法,同時也就是《左傳》所闡述的種種義例,可以說是源自這一套周典禮經。因此其中種種的說例,很多都是周公所定之禮經所本有的,亦即杜預將《左傳》所釋的義例,等同於周公所制的常典治世之法。劉師培認為這樣是混淆了周公的治世之法與史家書法。因為所謂的「禮經」即是指國家的禮法,也就是周公所行的治世之法,亦即「周典」,是一國守常之法式,是為「國例」。《春秋》書法則是載書歷史的特殊表達方式,是為「史例」。換言之,杜預將《春秋》經傳表現意旨的特殊方式,亦即《春秋》書法和《左傳》凡例,和藉由書法凡例展現的經世之法兩者混同,而產生書法凡例為周公遺文的說法。

　　基本上,劉師培也認為《春秋》書法所根據的禮義節度,是來自於周代禮文,但是《春秋》的書法並不同於周代禮文:

> 《公羊疏》所引《左氏》說,亦謂周禮在魯,故依魯史記修《春秋》。蓋魯秉周禮,恆佗史法,以傳孔子修經,冀昭周禮。簡稽所逮魯史,實先因謂彙書史跡,倪諭有徵,即〈漢志〉所云「因興敗之倫也」,約為錯綜,故章佪伙得失,即〈漢志〉所謂「藉朝聘之類」也。然條蕞眾文,剟定撟損,上下比義,俾即檃括,僉出孔裁,即非史舊。〈志〉稱襃譁貶不可書見,是博指約辭,以資口授,亦出孔經新構,所以明法將來,非魯史下符孔經,而孔經尚錄魯史也。(《遺書·春秋左氏傳古例詮微》,頁 389)

劉師培說明因為《春秋》部分書法所使用的語詞,固然是隨著制度儀文的語詞而有著相同的內容意義,但是古制儀文並不能涵蓋所有具體而且隨時變遷

的現實狀況，因此有關現實狀況，必須有除了古制儀文以外的表現方式。換言之，《春秋》書法所根據的是周代禮文，而所表現的內容意義有同於古制儀文的內涵，但表達方式已因時空轉換而有所不同。是以劉師培不認為《春秋》的書法大部分是承襲魯舊史，而是出自孔子的重新構作。

二、劉師培批評杜預的解經方式

在《春秋左氏古例詮微》的最後一篇〈序師法〉第二十，劉師培提到了對於《左傳》的研究，特別重視漢儒「依例為斷」的解經方式：

> 劉、賈、許、潁銳精幽贊，以經為作，大體概同，二鄭、彭、服亦名家，經傳相明，咸主義例，詮經之要，莫尚於斯，何則？言有壇宇，文有坊表，例生于義，義炳于經，經無非例之條，傳以揭凡為主。兩漢先師依例為斷，是以辭無凌越，而言成文典，誦數以貫，思索以通，足以壹統類而萃文理。（《遺書·春秋左氏傳古例詮微》，頁 400）

認為經傳相明，經之發義必須透過書法的特殊表達，而對經文書法的掌握，又必須藉著義例貫串經傳之文，作為理解經義的線索和條理。進而對經文書法中隱含的經義，也必須依據傳文義例的解釋與說明。因此傳文義例的探求與說明，成為詮釋經義的主要方式。劉師培指出，就例以斷義的詮經方式，可以避免產生溢出文辭以外的解釋。因此，對於經傳書例的尋求以及解釋，密切關係著《春秋》經義是否可以有恰當的理解與說明。杜預的釋例與漢儒大異其趣，劉師培對杜預的批評主要也表現在對義例的說解上。

劉師培對杜預解經方式的批評，著重書法義例方面的問題，不僅在於經義內容的解釋問題。他首先指出在義例數目上，杜預之例較漢儒為少的現象：

> 今攷彼注文合以《釋例》，……。衡以舊說，於例轉疏，夫今密昔疏，于術為進，例疏于昔，未之或聞。……彼說經義趨平易，是由紲經若史，遂以恆識測經，是以傳誼彌乖，經旨彌淺，愚而無說，陋而無度，約言推例，則較略而不盡，見文見意，則紃察而無歸。（同前）

劉師培認為杜預對於書法義例的檢別較漢儒為疏，造成部分《春秋》的書例泯失，傳文義例的解釋功能不彰，經文的意旨不顯，使得經義淪為平易。對於杜預之例轉疏的原因，劉師培在《春秋左氏傳古例詮微》中〈闢非例〉與〈箴闕〉以及〈錯文〉篇中有相關討論。

首先，在〈闢非例〉中，劉師培認為，在杜預說明三種經傳發義的方式中，「歸趣非例」的說法很有問題。杜預對照經傳之文，在傳文沒有說明義例，只有史文的說明，認為此乃傳文直言歸趣，經文不必有義例。劉師培不同意杜預這樣的說法，他先舉論杜預的說法謂：

> 杜於新例、舊例外，別揭非例之條，謂傳文直言歸趣，即為無義例
> 之經。於桓經人、師互稱，以為史異辭，於稱弟、稱公子，師還、
> 用郊，均云從史。……亦以無義例為從告，又謂經用舊史，史有文
> 質，辭有詳略，經不必改。（《遺書‧春秋左氏傳古例詮微》，頁 393）

以經傳有說法不一的現象，杜預認為是經傳從赴告之文而產生的異辭，沒有其他特別的含意。劉師培批評這樣的觀點：

> 杜以經因舊文，固仲尼之經，又以魯史即策書成法。……今謂文質
> 詳略弗必同，若成法夙然，則是周公禮經文弗衷一也。若出於魯史，
> 則是僞錯矩矱，弗備史法也。典喪恆型，奚以立制，詞昭異跡，毋
> 迺踰閑。即使時史失官，屬詞靡准，然治敝瑟者，必齊絃新，廢籥
> 者必變管。孔修《春秋》，弛史為經，文或齟齬，宜均羨紬，張法以
> 度，泯踦從齊。若喬辨弗施，曲因隨模，輕侃末略，遄固羞為，則
> 是率爾不必識而不瘉，弗必興歎也。若云非所修之要，則摲揃首違，
> 焉惜拭觚，此則趣易拾難，以己度孔者也。（同前）

劉師培認為若依杜預之說，《春秋》書例是承繼周公禮經或是魯史成法，即使史文有詳略異辭也無妨的史法體例，制作上不嚴謹，將造成詮釋解讀時有歧義的可能，而達不到立制昭跡的功能。因此即使史官失守，造成經傳說法的不一致，修作《春秋》的孔子也應該予以檢別，不輕率跟從，否則就是一部製作品質大有問題的著作了。換言之，杜預認為經傳中史文異辭的現象無關緊要，劉師培認為這是杜預以己意度經的看法。他認為經文中經傳不一的現象，同樣是經傳書法義例的表現。他說：

> 夫經明是非，輸實斯孚，事同文別，傃隱所資古經。先師於書法異
> 同，僉云：錯文著義，今施審錄，知經無非例之條。（同前）

認為經傳不一的現象，傳文中未說明義例者，也有書法義例，這些乃是經傳以錯綜文句的方式表現經義。

此外，杜預以《春秋》闕文來說明經傳不合的現象，在〈箴闕〉篇中，劉師培則指出傳有經無的現象，也是義例的表現方式。他認為：

> 杜冥史法,以續經爲錄史,於新例所隸不書,惟晰刊字,則是經因
> 史故,事無媠殺,故傳有經無,兼以舊史奪文爲釋。⋯⋯於日月詳
> 略,曁弗書首月者,逕云久遠落遺,不知鴻網侈弇,經史區型。⋯⋯
> 日月詳略,例有媲科。(《遺書‧春秋左氏傳古例詮微》,頁 394)

在《春秋》經傳中有許多傳有經無的現象,杜預的說法大致可分爲三類。一、
在孔子卒以後,《左傳》仍載有經文,杜預認爲是錄自史文。二、《左傳》中
有「不書」的義例說明者。三、史文有不載者。後兩點杜預認爲是經文的闕
文。基本上,杜預的釋例除五十凡例之外,認爲《左傳》不示義例的部分,
乃是《春秋》依舊史文辭直述,並沒有特別的書法。因此杜預對於經傳不合
的現象,認爲是舊史文辭本然,或是《春秋》闕文,都不是《春秋》的書法。
就在這樣的情況下,杜預的釋例隨之有限。然而劉師培認爲傳有經無而《左
傳》未書例者,也存在義例,提出傳文是「隱而未發,以俟隅反」的說法(此
說詳見第三章第一節「義例」中的論述),例如時日月之書與不書,並不是經
文闕文,其中皆有書法義例。

劉師培認爲杜預的解經,不僅違背了漢說,更嚴重的是使得後世的《春
秋左傳》學轉至「以史儗經」的研究方向,也就是杜預以史文來說經義的方
式,使得孔子與左丘明地位,更降與馬、班同儕,有謂:

> 魏晉而下,穎、許說微,賈、服之書,迄唐而佚。六藝之儒服習杜
> 說,入耳著心,化性成積,以爲東魯之策書,衰周之記注,致使素
> 王之貴,下儕班、馬,素臣之賢,夷于晏陸,下迄北宋,遂替《春
> 秋》跡。其以史儗經,大慮薶蘊杜說。(《遺書‧春秋左氏傳古例詮
> 微》,頁 400)

杜預認爲歷史敘述就能「直指歸趣」,特別重視《左傳》史文的解經價值,
但由於他對義例的理解有限,無法解釋《左傳》中結合歷史敘述與義例的表
達方式,相對的不能通徹的說明《左傳》中史文的解經價值。故雖然杜預的
《春秋》觀代表古文家主要觀點的權威地位,在劉師培的系統批評下,杜預
說是否能代表古文經學的觀點,非常值得商榷。當劉師培提出另一套《春秋》
觀的說明(詳見第二章第二節)《左傳》的性質,使得清儒不僅在實際經說上,
與杜預有著不一樣的解說方式與內容,兩者在《春秋》觀上的差異,也有了
完整的理論說明,遂令清代的《春秋左傳》學有超越杜預《春秋左傳》學規
模的可能。

第三節　以《左傳》爲代表的古文經學獨特立場

　　今文家主要從書法義例去理解《春秋》大義，除了書法義例的詮經方式之外，杜預和劉師培認爲歷史敘述與評論，也是經義表現一種方式，也可以是理解經義的另一個途徑。但是面對今文學者以《左傳》爲史而不傳經的質疑，這些史文述評如何表現經世之旨？這個問題由於古文學者對經學的起源及其內涵有一套獨特的說法，因此對於典籍中經義的呈現，與今文學者有不同的理解方式。

　　《左傳》多有史文、史評的表現方式，其史學性質固不可泯，這樣的解經方式，乃古文經不同於今文經的特色。再者，面對杜預經學主張而產生的對古文經的誤解，我們從劉師培對於古文經學的經學起源的說明，亦可獲得進一步的澄清與闡述。

　　首先，劉師培認爲中國學術的產生與保存，仰賴朝廷的史官，因此學術的性質與發展，和史官有莫大的關係：

> 民之初生，無不報本而返始，先王因其性以導之，而尊祖敬宗之說起矣。尊祖敬之說起，又必推祖所自出，而郊禘之典以興，因郊禘之典以推之，而廟祧以設，壇墠以立，祭禮一門，遂爲三代之特典。且古代所信神權多屬人鬼，尊人鬼故崇先例，崇先例故奉法儀。載之文字，謂之法，謂之書，謂之禮；其事謂之史，職以其法，載之文字而宣之士民者，謂之太史，謂之卿大夫。有官斯有法，故法具於官，有法斯有書，故官守其書，是則史也者，掌一代之學者也，一代之學即一國政教之本，而一代王者之所開也。（《遺書·古學出於史官論》，頁 1720）

他認爲中國學術源於祭祀的典禮，將這些典禮的儀式法則記錄下來就是禮法。但是這些禮法不見得是一條條的儀文規則，有從諸多的「事」當中得見先人之例者，這些事件的記載便形成了史，因此史官所典掌的這些史文中，載有先人處理事件方式，可作爲後代施政的參考。而史官記錄歷史，最重要的意義在於，這些文獻是一國政治教化的根據。

　　劉師培認爲所謂的學術，就是存在於種種的文獻記錄當中，這些記錄密切關係著國家的政教措施，而由史官所掌的。因此他又說：

> 一曰六藝出於史也。仁和龔氏有言六經者，周史之大宗也。予觀韓宣適魯觀書，太史首見《易象》，則《易》掌於史矣。五帝三皇之書

掌於外史，《傳》曰：「史誦書」（筆者案：應作「史爲書」見《左傳‧襄公十四年》），則書掌於史矣。《風詩》采於輶軒，《魯頌》作於史克，祁招聞於倚相，則《詩》掌於史矣。韓宣觀書魯史，兼見「春秋」，而孟子之解《春秋》也，亦曰「其文則史」，則「春秋」掌於史矣。老聃爲周史而明禮，（按《周禮》太史之職以書協禮事，小史之職以時讀禮法，辛有過，伊川而歎其禮之亡。史克對魯侯而舉其禮之正，此禮掌於史之證。）萇弘爲周史而明樂，則禮樂掌於史矣。

（同前，頁 1721）

在《左傳》昭公二年中載有宣子至魯觀書，可知《易》與《春秋》掌於史；《周禮‧春官》中謂上古的史時記載與保存是由史官負責，《左傳》中亦有此類之言，因此《書》亦掌於史；至於禮樂之儀文典籍，亦是由史官所掌。就此而論，劉師培認爲六藝之學遠在孔子以前就存在了：

是則六藝者，周公之舊典也，即周官之秘籍也。……六藝之學，掌於史官，宣尼刪訂六經，實周史保存之力也。……由是而觀，周代之學術，即史官之學也。亦即官守師儒合一之學也。吾觀周代之時，諸侯各國普設史官，晉有史趙，齊有南史，魯有史克，衛有史華，而唐叔初封，兼有卜史祝宗之錫，故一國之中，即有一國之典籍，亦必有一國之「春秋」，而爲史官者，大抵以世襲之職官，位特殊之階級，故書籍保存實賴史力。（同前，頁 1721、1722）

他指出六藝是史官的記錄成果，視六藝爲周公舊典，是六藝之典的價值，乃爲上位者治國的根據。再者，劉師培主張三代之學掌於史官之手，而史官之學又爲一國政教的根據，因此，史官的種種記錄可以說皆密切關係經國濟民的方針與措施，也就是說六藝之學與經世之業分不開的。在這樣的前提下，劉師培提出孔子刪訂六經，不僅是記錄整理史科，而且是以經世爲目標述作六經。在這樣的意義上，古文家認爲孔子據六藝之典刪訂爲六經，具保存周史之功，其實是將孔子的述作置於傳一國之學，以爲經世之本的基本目標而言的。

劉師培不僅認爲六經掌於史官，也認爲六經出於史，如《易》爲卜筮之史，《書》爲記言之史，《春秋》爲記動之史，《詩》則是由史官採自民間。換言之，劉師培認爲六經基本上是人文活動種種的記錄，而這些記錄的目的在於作爲先王政教的參考根據，是爲政典之用。然而西周末政教變衰，史官將

人文活動載之於典的過程雖然不變，然而禮文卻有因時、因地制宜的損益之況，再加上史官記錄時的抉擇，甚至失職等各項因素，造成典籍殘缺，或者是經世理念上有所偏差的呈現。同時由於政治衰亂，使得當時的學術不專守於史官，造就了學術的蓬勃發展，趨向多元，各家經世之術紛起，在劉師培看來，孔子的儒學也是其中的一家。典籍不專於官守，其保存又如《史記‧孔子世家》中謂：「周室微而禮樂廢，《詩》、《書》缺。」孔子之學，就是以刪修先王政典，即刪修六經的方式保守先王政教之道的。劉師培以六經出於古聖王政典，是孔子基於先王之事理，發揚經世之道的典範。

劉師培雖然認爲孔子的地位不僅在於學術貢獻，亦在於其經世理念的展現，但他卻沒有具體說明孔子的六經是如何切近經世之道。換言之，六經既是前人的經驗記錄，那又如何切合實際，而可爲後人所法呢？劉師培認爲孔子於《易》、《書》、《詩》、《禮》的製作態度是「述而不作」，只有《春秋》不在「述而不作」的範圍內，亦即《春秋》雖是因魯史而成，卻是出自孔子新構，爲明法將來者。因此劉師培對於孔子刪修《易》、《書》、《詩》、《禮》等的說明，仍比較偏重於學術上的貢獻，唯獨將《春秋》視爲孔子治世理想的具體呈現，以「述而不作，弟屬《禮》、《樂》、《詩》、《書》，弗賅《春秋》爲通例也。」（《遺書‧春秋左氏古例詮微》，頁 389）故於《春秋》有比較具體而詳細的說明。至於《禮》、《樂》、《詩》、《書》這些典籍於經世之旨的實質意義，劉師培卻無法充分指出。

關於上述的問題，由於劉師培以六經爲史的說法，與章學誠大致相同，因此從章氏對六經爲史之意義與內涵的說明，或許可以補充劉師培對經學起源的看法。章學誠在《文史通義》中開宗明義的就說：「六經皆史也。古人不著書，古人未嘗離事而言理，六經皆先王之政典也。」又謂「夫子……於取周公之典章，所以體天人之撰而存治化之跡者。」（《文史通議‧經解上》，頁93）「古無經史之分，聖人亦無私自作經寓道法之理。實經皆古史之遺。（《章氏遺書‧丙辰箚記》外篇三，第六冊，頁 91）認爲六經在起源時皆爲史記，是先王政典，而孔子刪訂六經的基本材料便是這些政典。

在章學誠的觀點中，以凡是涉及著作，皆是史學的範圍，〔註5〕而六經之

〔註 5〕 《文史通義校注》中注章氏「六經皆史」之說，可溯自王守仁之倡，謂「以事言謂之史，以道言謂之經，事即道，道即事，《春秋》亦經，五經亦史。《易》是包犧之史，《書》是堯、舜以下史，《禮》、《樂》是三代史，其事同，其道

所以成為經典，而特出於其他史著，乃淵源於其特殊的歷史情境。他認為六經本為三代時史著，其性質乃為政教綱紀之書，及至後世，官師分途，著作不盡出於典章政教，遂逐漸喪失經世綱紀的性質。因此，三代之史為後世尊奉為經，有其獨特的歷史情境，而六經之為政典，其根本目標就在於經世致用。換言之，六經之所以為後世典範的原因，就在於其為綱維天下的經世之書。不過，章學誠也強調三代之史之為先王政典，乃在於其切於人事，亦即「未嘗離事而言理」的特性。

故據章學誠所言，三代之史為經，包括了兩個基本內容：事與理。他認為六經乃是三代之史，有不離人事以言理的特性，也就是六經的經世之理是在人事中得以見。因此，史事與經世之理是俱存於六經當中的。也就是說，就六經著書時經世之道實現狀況的記錄來看，六經為史的存在，然若就六經記錄的內容來看，包括了經國濟世的具體實現及原理原則者，則六經實有著「經」的價值。因此雖說六經是史，但其為史的意義已大不同於三代以後的史著；由於歷史因素，使得三代之史有著經之獨特而崇高的地位，而為後代之史所無法比擬。

由上可知，古文家將孔子視為聖人，在於其傳三代經世之道。孔子刪訂六經，貢獻就在於展現六經中經國濟世之學，而其展現之法有二：一為三代時體現經國濟世之道的史事，亦即先王經世之跡，一則為經國濟世之道。是以，《易》所展現的是普遍的原理原則；而《書》則是先王治政的具體實現；《禮》包括了典章制度與人文化成的風俗民情，為人類文明之展現；表現在《詩》中的，則是時人普遍的生活經驗。孔子於此「述而不作」，是展現先王經國濟世之道和跡的典籍。至於《春秋》，它的時代接續在《詩》之後，劉師培認為是出自孔子新構，非「述而不作」而成的典籍，是孔子面對當代歷史，展現的經世理想的著作，而有獨特於其他經典的地位。章學誠亦有言：

> 史學所以經世，固非空言著述也。且如六經同出於孔子，先儒以為其
>
> 功莫大於《春秋》，正以切合當時人事耳！（《文史通義‧浙東學術》）

以《春秋》之所以有特出的地位，乃是由於其為孔子切合當代歷史的製作，為孔子經世理想的具體展現。對章學誠與劉師培等人而言，《春秋》之所以獨特於其他經典的地位，乃是由於其為切於時事的經世之作，這樣的看法顯示

同，安有所謂異？」（頁3）又引章氏〈與孫淵如書〉云：「愚之所見，以為盈天地間凡涉著作之林，皆是史學。」（頁4）

著古文家重視歷史的獨特性，認爲經世之道與時代環境有著相對應的關係。由此可知，古文家所認爲的經世之學包括兩部分：一爲存在於《易》、《書》、《詩》、《禮》中，爲孔子「述而不作」經世的道、跡；一爲存於《春秋》，爲孔子政治理想相應於時代環境變化的展現，前者爲孔子承自三代以來的經世濟民之學，後者則爲孔子治世理想的具體表現。

　　《春秋》有著獨特地位，爲孔子治世理想具體呈現，不僅是存在有經世的原理原則，更重要的是這些經世的原理原則，乃是結合當代人事，而可以施行致用者。換言之，《春秋》就是孔子秉持經世之道的「致用」於當世的表現。因此漢儒無論是今、古文家，同樣的尊孔子爲素王：

> 賈逵〈春秋序〉云：孔子覽史記，就是非之說，立素王之法……是先儒皆言孔子立素王也，……素，空也，言無位而空王之也，彼子餘美孔子之深，原上天之意，故爲此言耳，非是孔子自號爲素王。(《經學通論·春秋》，頁10)

根據皮錫瑞的解釋，素王是空位而王之者，以孔子雖無王之位，在《春秋》中呈現其治世理想，也就是將其經國濟民之道致用於當世的展現。尊漢儒的劉師培同樣的也是持有類似的看法：

> 於後世又云：孔子之時，上無明君，下不得任用，故作《春秋》垂空文以斷禮義，當一王之法，所謂爲天下制儀法，當一王之法者，即孟子有王者起，必來取法之義也。賈誼《新書·道德說》云：「《春秋》者，守往事之合德之理……合而紀其成敗，以爲來事師法。」則《史記》爲天下制儀法二節，即賈生所謂爲來事師法，非董子以《春秋》當新王之說也。(《遺書·左盦集》，頁1445)

又云：

> 六藝之儒，服習杜說，入耳著心，化性成積，以爲東魯策書，衰周之記注，致使素王之貴，下儕班、馬，素臣之賢，夷于晏陸。(《遺書·春秋左氏傳古例詮微》，頁400)

顯然劉師培也不反對尊孔子爲素王的說法，反而認爲同爲古文家的杜預在〈春秋序〉中排斥「素王」這個名稱，是將《春秋》紬經爲史的表現。然而杜預之所以反對尊孔子爲素王，在〈春秋序〉中說明是由於今文家以孔子之《春秋》爲「黜周王魯」，作新制而爲素王之尊。故杜預主要反對的是今文家所言「素王」的內容，而且認爲《春秋》是舊文遺史，非出自孔子的構作，是以

對漢代古文家尊奉孔子爲素王的理由，沒有相應的了解，因而不贊同尊孔子爲「素王」的說法。

　　另一方面，劉師培既以《春秋》爲孔子致用於當代之學，因此在《春秋》中，經世之道更是結合當時特定的歷史事件而呈現的，亦即理與事是不能分開，不能僅有經世之道的呈現，否則便喪失《春秋》在六經中的獨特地位，同時也泯滅了經以「致用」的意義。因而對於《春秋》經的解讀，也必須配合當時歷史環境，切合史事而論之，就此以視孔子如何針對當時的狀況，施行其經世理想。因此，史文述義的表達方式，對《春秋》經而言，就是經世之道的呈顯途徑之一，而《左傳》著重歷史敘述的解經方式，也就切合於《春秋》經的獨特性質。

第六章　結　論

綜上所言，劉師培認爲古文經有可靠的傳本作爲經說的根據，澄清了清代今文家以古文經爲僞書的說法。繼之劉師培論述《左傳》的作者與孔子有密切的關係，並論證《左傳》的傳承，反駁今文家以《左傳》傳承不明的理由，認爲《左傳》與《春秋》無關的論點。另一方面，劉師培說明《春秋》質實的內容是藉著歷史事件的記載，記述周代禮文，是以《左傳》具有詳載史文以輔弼經義表達的功能，從經傳一體的特性上，證明《左傳》、《春秋》的關係之密切，藉此說明《左傳》的性質在於傳解《春秋》經。

至於《左傳》傳解《春秋》經的具體方式，劉師培特別注重《左傳》義例的說明，認爲《左傳》有「隱而未發，以俟隅反」的義例，這部分的義例必須結合經文與傳文的敘述，才能進一步闡明。再者，在歷史評論的部分，劉師培認爲這些評論，透過《左傳》作者的記錄，可以了解時人對當代歷史的理解方式。此指孔子之史記記注，言繁而經文不及載，而由傳文敘述藉以弼經的部分。

根據劉師培對《左傳》解經方式的說明，我們發現今、古文學家解經的方式，皆共同以義例說明經文書法，作爲展現經義的一種方式。只是杜預與劉師培不同於今文家的解經方式，在於認爲「事中寓理」是《春秋》爲呈顯經義的方式，而有著以史文陳義的解經特色。

在《史記‧太史公自序》中載有孔子自述作《春秋》之旨：「我欲載之空言，不如見之于行事之深切著明也。」「深切著明」爲表現的效果，「空言」與「見之行事」則是兩種不同的表達方式，孔子認爲「見之行事」的表達較「空言」爲佳，而選擇後者爲《春秋》的表達方式。今、古文學者的解經方

式，可以從分析兩者理解這句話的方式獲得明顯的區分，並藉此了解劉師培的獨特立場。

今文學者皮錫瑞認爲，孔子之作《春秋》，乃是借當代的史事以明經世大義，其謂：

> 而《春秋》借祭仲之事，以明知權之義，齊襄非眞能復讎也，而《春秋》借齊襄之事，以明復讎之義。……所謂見之行事，深切著明，孔子之意，蓋是如此。故所託之義，與其本事不必盡合，孔子特欲借之以明其作《春秋》之義。（《經學通論·春秋》，頁21、22）

主要說明《春秋》爲孔子經世之道的呈現，至於道理是否完全切合人事，可以不論。而且，皮氏指出「見之行事」，亦即藉著事件來展現經世之理，相對於「空言」也就是僅作道理的說明，要來的深刻。換言之，皮氏認爲孔子不直接說明，而是藉助當時的人事來呈現其經世之道，是以陳述史事的目的在於展現不變的經世之理，且爲表達經世之理的工具。因此，皮氏認爲《春秋》的表達方式是「借事明理」，亦即「行事」可不必盡合「本事」，最重要的是掌握孔子藉之以呈顯的道理，至於事件可以不必盡合於歷史事實。綜言之，今文家認爲《春秋》的經世之道，是由孔子所外賦於事件的，是以「行事」不必是歷史事實，不必定解爲「已往之事」，而可爲「進行之事」甚至「未行之事」，是佐助大義表達更深的工具。

不同於今文學者的說法，古文學者認爲《春秋》爲孔子面對當代政治，施展其經世理念的著作，因此經世之理與當代史事的如何切合，是古文學家特別關切的。換言之，他們認爲《春秋》的經世大義是在事中得見，因此著重在史事敘述，藉此掌握孔子致用於當世的經世之理。劉師培指出：

> 是《春秋》一書所道者名分，而所重者事也。今也舍事而議言制，則是孔子託空言而犯名分矣，豈不誣哉！（《遺書·左盦集》卷二，頁1446）

在《莊子·天下》中有云「《春秋》以道名分」，以孔子的《春秋》主要內容在於道名分之正，是以表達必須配合當時人事。若偏重在經世之理的闡述，則孔子無天子之位，而行天子之權，制天下之法，與《春秋》正名分的意旨有所衝突。再者，若舍事而言制，就成爲道理之談述，不能切合於人事，也就不能致用於當世，則此經世之理便成爲「空言」。相對於「空言」，「見之於行事」也就是從行事中，了解孔子對當代歷史的理解方式，即從孔子對當時

實際的歷史所做出的各種判斷與解釋中，了解孔子致用於當時的經世之道。因此「行事」所指為「已行之事」、「往事」，即為歷史事實。是以古文家強調事與理的合一，經世之理是不能離開事而論，離開事而論的是「空言」，非「致用」之學，因此古文認為「事中寓理」是孔子表現經世要旨的方式。

今文家認為《春秋》是「借事明義」，在傳解上重在深求微言大義，不求史事的考證與貫連，以史事僅為表達大義的工具，不必為特定的歷史事件。更由於經世之旨是由孔子外賦於事件的，是以有一恆定的經世原理原則，而以孔子為此新制的創作者。然而，古文家則認為《春秋》是「事中寓理」，是從傳文敘述的歷史事實中，去理解孔子致用於當代的經世之道。今、古文家兩種不同理解《春秋》方式，造成今、古文學有不同的解經方向，而二者不同的解經方向，甚至於經學觀上的差異，其實是兩種理解方式的延伸，兩者不同，但不衝突。

由於今、古文學家對《春秋》所展現經世之理有不同的看法，所以呈現的經學觀也大不相同。今文學者以《春秋》為一經世恆法的展現，而以《公羊》說為唯一接近孔子意旨的直接傳解，因此今文學家有一套理解經義的獨特方式，而可據之以解六經奧義，因此《易》、《書》、《詩》、《禮》等經典雖是出於孔子創作，但為其推衍《春秋》之法的著作，而不是孔子政治理想的相應而具體呈現。今文學家並以《春秋》為托古改制之作，故尊孔子為作新制之「素王」。古文學賦予《春秋》一獨特的地位，但仍以《易》、《書》、《詩》、《禮》視同《春秋》，皆為致用於當世之典，因此六經的地位是相等的。《春秋》之所以獨特乃在於孔子當素王之法，不在其位而論其政的經世致用之作，不同於《易》、《書》、《詩》、《禮》為先王具體的經世濟民之跡。

今文學家也是重視經世實踐的，從漢代的董仲舒直到清末康有為等今文學者，皆強調《春秋》在政治上的指導功能；以《公羊》傳解孔子的經世大義，產生一套建立理想社會的精密構思，而為後代政教萬世不變的指導。在萬世不變之法的內容中，包括隨著時代不同而變的施政原則，例如董仲舒改正朔、易服色、制禮樂等措施，皆是在《春秋》之法的原則當中。因此《春秋》之法可供具體實踐，為後代永世不變的經世原理，而為董仲舒改漢制以至康有為的變法等政治實踐的根據。至於古文學家，以理事二者不能分開，著重每一歷史事件的獨特性，就事體會理之所在，因此不主張有一萬世不變而可具體施作的經世之法。換言之，歷史事件是瞬息萬變的，寓於事中的理

則可能、也可以是相同的，孔子修訂三代之史，秉持的就是這些經世之理，如同《春秋》的構作是承自先朝聖君賢王的經世之理，古文家肯定周公以至於孔子所傳承的經世義理。因此相對於今文學家所建構的《春秋》大義爲一萬世不變經世大法，所有歷史政治的變化，都可以在這一套大法的囊括之中，而尊奉《春秋》爲聖經寶典，古文學家則以比較保留的態度去面對六經，以及以六經之理爲經世的原則，如劉師培謂：

> 夫六經之學，本不足致用于後世，惟愚戇之人迷信其說，奉若帝天，蓋不以學術視六經，實以宗教視六經也。（《遺書·左盦外集》，頁1769）

認爲在事實上，六經之學不足以致用於後世，因爲六經經世之理其實只是一種原則的判斷，這些經世的原則若具體應用到不同的人事，則會因各人的運用不同而產生不同的結果，是以不見得會達致一理想世界。因此，從古文家以六經是經世之學，從中明其經世原理，致用則隨著事變的說法看來，六經之理不是達致理想世界的保證。相較之下，今文家以六經是經世之法，且是孔子具體的經世方法的展現，有理論上的必然，主張據此實踐可達致一理想世界。今、古文學家的尊經崇孔的確有程度上與層次上的差別。

此外，從今文家獨尊孔子爲聖王，古文學家重視三代聖王的治世之理，而以周公爲古聖王之治的代表，不厚周公，也不薄孔子的立場來看，古文家的經學觀是比較接近於孟子看法的。孟子謂：

> 禹惡旨酒而好善言。湯執中，立賢無方。文王視民如傷，望道而未之見。武王不泄邇，不忘遠。周公思兼三王，以施四事；其有不合者，仰而思之，夜以繼日，幸而得之，坐以待旦。（《孟子·離婁下》）

並謂：

> 王者之跡熄而《詩》亡，《詩》亡然後《春秋》作。（《孟子·離婁下》）

其以三代之政教爲經世濟民的典範，而《春秋》之作接續在《詩》之後，是孟子將《春秋》視爲經世的典範之一。此透過三代的治世典籍與孔子之《春秋》相比擬的作法，正可以看出孟子將三代聖王的地位等同於孔子。

儘管今、古文家經學觀有所差異，解經方式也有重義、重史宗旨的不同，但是由於兩者是不同的理解方式，所以在傳注《春秋》經句時可以是不相衝突的。甚至，在處理相同的史事內容，以及就事明義等實際經解時，兩者的有雷同共通之處。然而面對《春秋》三傳經義的不同解釋時，我們也發現，

以《公羊》學爲代表的今文學，由於有一套理解大義的獨特方式，對於不相容卻不必然衝突於這套理解方式的經義解釋，則不予承認，因此在治經態度上是比較排斥其他經義的說解。相對於今文經學，古文經學學者認同《春秋》寓有經世之旨，卻也主張代有革新，體有變異，在以周禮爲底蘊的基礎上，融通對史實義法的詮釋，是以得以採取比較開放的態度。

　　至於先王聖者所顯發的經世之法，劉師培主張不必然可以成爲現實的治世法則或規範，在於每個時代各有其獨特的歷史情境，因此在實際的政治措施中，六經的經世之法是不足以致用於後世的。劉師培分別經世之學與現實政治，與當時今文家如康有爲等人以孔學爲孔教，申引《公羊》學中變革思想，以爲現實政治上的行動根據，欲以學術的權威說法構成其政治說服力的作法不相同。就此觀之，以劉師培所代表的古文經學觀，分別歷史現實的各殊性，保守的將六經歸爲經學，政治歸於現實，反而是保留了六經在學術上的典範地位。後世可由典範中獲取先王的治世經驗與經世之理，配合當世獨特的歷史情境，而有其實際應用，是以具體的應用之法可以不全然來自於先王的經世之法，又即使依六經經世之法爲治世方針，也不保證可以達致一理想世界。面對當代今文經學者之援經議政，推擴經學的效用，劉師培透過伸張以《左傳》學爲代表的古文經學觀，說明經學的限制，不能無遠弗屆的應用於現實政治上；他將經學保留在學術的範圍內，反而避免六經的經世典範受到現實政治的扭曲，爲學術獨立意識的一種表現，乃傳統援經議政的經學思想，在晚清民國時期走向變化的具體表徵。

參考書目

一、與《春秋》經傳相關之著作（依出版年代排列）

1. 《春秋左氏傳考證》，清·劉逢祿，皇清經解本庚申補刊本。

2. 《左傳事緯》，清·馬驌，香港：龍門書店，1966 年 6 月。

3. 《周秦諸子述左傳考》，劉正浩，臺北：臺灣商務印書館，1966 年 11 月。

4. 《兩漢諸子述左傳考》，劉正浩，臺北：臺灣商務印書館，1968 年 5 月。

5. 《左傳真偽考及其他》，高本漢，臺北：泰順書局，1971 年 11 月。

6. 《左傳論文集》，陳新雄、于大成編，臺北：木鐸出版社，1976 年 5 月。

7. 《春秋史考辨》，鄭良樹，臺北：宏業書局，1977 年 11 月。

8. 《春秋辨例》，戴君仁，臺北：國立編譯館，1978 年 12 月再版。

9. 《國語左傳論集》，張以仁，臺北：東昇出版事業公司，1980 年 9 月。

10. 《春秋釋例》，晉·杜預，臺北：臺灣中華書局，1980 年 11 月臺二版。

11. 《左傳疏證》，徐仁甫，成都：四川人民出版社，1981 年 1 月。

12. 《春秋左傳研究》，童書業，上海：上海人民出版社，1983 年 6 月二刷。

13. 《左傳導讀》，張高評，臺北：文史哲出版社，1987 年 8 月。

14. 《春秋左氏經傳集解序疏證》，程元敏，臺北：臺灣學生書局，1991 年 8 月。

15. 《春秋要領》，程發軔，臺北：三民書局，1991 年 10 月二刷。

16. 《春秋左傳學史稿》，沈玉成、劉寧，南京：江蘇古籍出版社，1991 年 6 月。

17. 《左氏春秋義例辨》，陳槃，臺北：中央研究院歷史語言研究所，1993 年 5 月二版。

18. 《春秋左傳注》，楊伯峻，臺北：洪葉書局，1993 年 5 月。

19. 《春秋大事表》，清・顧棟高，北京：中華書局，1993 年 6 月。

二、主要參考書目（按書名筆劃排列）

1. 《十三經註疏》，江西府學刊本，臺中：藍燈文化事業公司。

2. 《十三經概論》，蔣伯潛，臺北：學海出版社。

3. 《中國歷史研究法》，趙光賢，北京：中國青年出版社，1988 年。

4. 《文史通義校注》，章學誠，臺北：里仁書局，1984 年 9 月。

5. 《文史考辨》，趙光賢，北京：北京師範大學出版社，1987 年 8 月。

6. 《古書真偽及其年代》，梁啓超，臺北：臺灣中華書局，1981 年 11 月臺七版。

7. 《史記》，漢・司馬遷，臺北：鼎文書局，1986 年 10 月三版。

8. 《四書章句集注》，宋・朱熹，臺北：長安出版社，1991 年 2 月。

9. 《朱子語類》，宋・黎靖德編，臺北：臺灣商務印書館，1980 年 10 月臺一版。

10. 《西漢經學與政治》，湯志鈞等著，上海：上海古籍出版社，1994 年。

11. 《呂氏春秋校釋》，陳奇猷校釋，臺北：華正書局，1988 年 8 月。

12. 《改良與革命的中國情懷：康有爲與章太炎》，湯志鈞，香港：商務印書館，1990 年 6 月。

13. 《兩漢經學今古文平議》，錢穆，臺北：東大圖書有限公司，1983 年 9 月臺三版。

14. 《周予同經學史論著選集》，朱維錚，上海：上海人民出版社，1983 年 11 月。

15. 《周代分封制度研究》，葛志毅，哈爾濱市：黑龍江人民出版社，1992 年 12 月。

16. 《孟子譯注》，楊伯峻，臺北：漢京出版社，1987 年 1 月影印一刷。

17. 《尚書》，清・孫星衍，臺北：文津出版社，1987 年 9 月。

18. 《近代經學與政治》，湯志鈞，北京：中華書局，1995 年 3 月二刷。

19. 《後漢書》，南朝宋・范曄，臺北：鼎文書局，1975 年 10 月。

20. 《春秋繁露》，漢・董仲舒，北京：中華書局，1992 年 12 月。

21. 《原儒》，熊十力，臺北：洪氏出版社，1980 年 1 月。

22. 《晏子春秋集釋》，楊家駱編，臺北：鼎文書局，1977 年 3 月再版。

23. 《桓子新論》，漢・桓譚，臺北：臺灣中華書局，1966 年 3 月臺一版。

24. 《荀子集解》，清・王先謙，臺北：藝文印書館，1988 年 6 月五版。

25. 《乾坤衍》，熊十力，臺北：臺灣學生書局，1987 年 2 月五刷。

26. 《僞書通考》，張心澂，香港：友聯出版社有限公司，1976 年。

27. 《國語》，臺北：里仁書局，1981 年 12 月。

28. 《康南海先生遺書彙刊：新學僞經考》，蔣貴麟編，臺北：宏業書局。

29. 《清人文集別錄》，張舜徽，臺北：明文書局，1982 年 2 月。

30. 《清代經學史通論》，吳雁南編，昆明：雲南大學出版社，1993 年 12 月。

31. 《清代揚州學記》，張舜徽，上海：上海人民出版社，1962 年 10 月。

32. 《淮南鴻烈集解》，劉文典，臺北：文史哲出版社，1985 年 9 月再版。

33. 《章太炎全集》，上海：上海人民出版社，1982 年 7 月。

34. 《章學誠遺書》，清·章學誠，北京：文物出版社，1985 年 8 月。

35. 《經今古文問題新論》，黃彰健，北京：文物出版社，1985 年 8 月。

36. 《經學史論集》，湯志鈞，臺北：大安出版社，1995 年 6 月。

37. 《經學通論》，清·皮錫瑞，臺北：臺灣商務印書館，1989 年 10 月臺五版。

38. 《經學歷史》，清·皮錫瑞，臺北：漢京文化事業有限公司，1983 年 9 月。

39. 《群經概論》，周予同，臺北：臺灣商務印書館，1971 年 3 月臺二版。

40. 《廖平學術論著選集》，李耀仙，成都：巴蜀書社，1989 年 5 月。

41. 《漢學師承記》，清·江藩，臺北：臺灣商務印書館，1977 年 11 月臺二版。

42. 《說文解字》，東漢·許慎，臺北：書銘出版公司，1990 年 9 月五版。

43. 《劉申叔先生遺書》，清·劉師培，臺北：華世出版社，1975 年 4 月。

44. 《墨子閒詁》，高雄：復文出版社，1985 年。

45. 《戰國策》，西漢·劉向集錄，臺北：里仁出版社，1990 年 9 月。

46. 《韓非子集釋》，陳奇猷校注，臺北：河洛圖書出版社，1974 年 3 月臺影印一版。

47. 《讀經示要》，熊十力，臺北：洪氏出版社，1983 年 12 月五版。

48. 《觀堂集林》，王國維，北京：中華書局，1991 年 12 月五刷。

三、期刊論文

1. 《左傳「君子曰」問題研究》，龔慧治，國立臺灣大學中國文學研究所碩士論文，1988 年。

2. 《劉文淇春秋左氏傳舊注疏證體例研究》，張惠貞，私立逢甲大學中國文學研究所碩士論文，1991 年。

3. 《劉申叔先生之經學》，陳慶煌，國立政治大學中國文學所博士論文，1982 年。

附錄一：劉師培論例試析──《春秋》三傳書「次」考辨[*]

一、前 言

  在劉師培《春秋左氏傳古例詮微》中〈詞例〉一文，可見其對《春秋》書法用字的基本看法。他主張《春秋》著作取向和《詩》、《書》不同，表達方式也隨之大異，蓋《春秋》乃以「正言、廣聽」為取向，在詞語的使用上，或同詞而異恉，或異文而同實，是經由不同的上下文來主導詞語的含意，所謂「《春秋》斷事以信為符，故經字相同即為同恉。」〔註1〕認為經文以同字同恉為使用語詞的主要方式，其目的在於「正義直指而應物辨事也」。

  他認為《春秋》傳文得以作為注解詮釋經文的基本前提之一，在於共約名之異實；也就是說經文簡鍊的語詞，有其一定的含意，即為書法；而傳文說明經文的用字也當有一致解釋，即為義例。就經文而言，若其使用詞語的意義沒有確定唯一，則對於所要表達的意義必定形成不同的解釋。而且經文是一條條獨立的史事紀錄，幾乎沒有什麼相關的上下文可資規範語詞的意義，欲辨認或確定其義非常困難。因此若經文沒有限定所使用語詞的意義，則沒有根據可供辨認其義，那麼《春秋》之經義必定呈現模棱兩可，造成「斷事」的目的將不可能成就。此外，與經文相配合的傳文，對於經文的語詞使

---

* 本文發表於中央大學中國文學研究所研究生研討會，1995 年。

〔註 1〕氏撰：《春秋左氏傳古例詮微‧詞例篇第十七》，收入《劉申叔先生遺書》，總頁 389。下引同。

用也必須有同一的掌握，否則語詞無所依歸，將造成解釋經義時語多歧義，則其釋經必定難以信服於人。因此《春秋》在用字上，意義一致是很重要的原則，相對的，傳文對於經文用字的說明也必須是一致的。

　　劉師培舉實例說明經文中的詞語必有其一定的含意，談論人與事者，歸於「名例」與「事例」，關於動詞之使用者，劉氏舉例如「還」、「次」、「取」、「入」等字詞，在經文的使用中不僅有著相同的意義，而且所賦予的價值判斷也是一致的：

> 莊《經》師「還」，《傳》云善莊公，宣《經》歸公書「還」，《傳》亦云
> 「善」，是「還」爲善詞……。僖《經》「屈完來盟」，服云「外楚」，
> 定《經》「渠蒢之次」，賈《注》以爲善救鄭，「次」之於文，非徒師
> 次來之書，《經》所涉尤廣故，故「公次乾侯」，賈亦入例，明與「次
> 滑」之誼同也。〔註2〕

劉師培說明，經文書「還」的意思不僅是師歸，而且含有嘉善的意味，書「次」所以除了駐軍超過二天以上這個語詞本有的意義之外，而且還寓有嘉善之意；亦即認爲《春秋》經文之用字，其中應寓有善惡褒貶之意。

　　本文就劉氏所言「次」之詞例，比較《春秋》三傳對經書「次」的解釋，試探劉氏認爲《春秋》用字寓有褒貶之究竟。

二、《春秋》經文之書「次」

　　三傳經文關於「次」之記載，首先在「次」於何地的地名上略有差異，但所錄經文書「次」的年代及次數，則是一致的。再者，三傳解釋經文的形式不同，《公羊》、《穀梁》是隨文解經，傳文解釋是緊隨於經文之後，因此傳文所載之事可以完全配合經文。而現存《左傳》傳文之不同於二傳者，在於它以年繫事的記載並沒有完全與經文相配合，因此經文比對於同年的傳文時，常有「無傳」的情形。經文在莊八年、三十年及定公九年書「次」之文，在《左傳》即爲經有傳無的情況，其他部分《左傳》書「次」之載事皆相符於經文。

　　經文書「次」共出現十六回：

　　1. 莊公三年：冬，公次于滑。（《公羊》、《穀梁》作「公次于郎」）

〔註2〕同前。

2. 莊公八年：春王正月，師次于郎，以俟陳人、蔡人。
3. 莊公十年：夏六月，齊師、宋師次于郎。公敗宋師于乘丘。
4. 莊公三十年：夏，次于成。
5. 僖公元年：齊師、宋師、曹師次于聶北，救邢。
6. 僖公四年：四年春王正月，公會齊侯、宋公、陳侯、衛侯、鄭伯、許男、曹伯侵蔡。蔡潰，遂伐楚，次于陘。
7. 僖公十五年：三月，公會齊侯、宋公、陳侯、衛侯、鄭伯、許男、曹伯盟于牡丘，遂次于匡。
8. 文公十年：楚子、蔡侯次於厥貉。
9. 襄公元年：夏，晉韓厥帥師伐鄭，仲孫蔑會齊崔杼、曹人、邾人、杞人次于鄫。
10. 襄公二十三年：八月，叔孫豹帥師救晉，次于雍榆。
11. 昭公二十五年：九月己亥，公孫于齊，次于陽州。齊侯唁公于野井。
12. 昭公二十八年：公如晉，次于乾侯。
13. 昭公二十九年：公如晉，次于乾侯。
14. 定公九年：秋，齊侯、衛侯次于五氏。
15. 定公十三年：十有三年春，齊侯、衛侯次于垂葭。
16. 定公十五年：齊侯、衛侯次于渠蒢。

由經文的簡略記載中，沒有上下文的對照，實在難以確定經文記載書「次」所使用的詞意爲何？遑論釋其書「次」之寓意。因此必須參考三傳傳文的解釋，方能對《春秋》書法有進一步了解。

三、《公羊》之書「次」

《公羊》中解釋書「次」的用意有六回，其他十回皆未釋書「次」之義。以下分別說明之。

首先，這一組傳文主要陳述，是在救援他國的情況下書「次」，並沒有說明「次」的書法字義。

莊公三年：

《經》冬，公次于郎。

《傳》其言次于郎（案：《左傳》載爲「滑」）何？刺欲救紀而後

　　　　不能也。

　　僖公元年：

　　　　《經》齊師，宋師，曹師次于聶北，救邢。

　　　　《傳》救邢，救不言次，此其言次何？不及事也。不及事者何？

　　　　　邢已亡矣，孰亡之？蓋狄滅之。

　　襄公二十三年：

　　　　《經》八月，叔孫豹帥師救晉，次于雍渝。

　　　　《傳》曷爲先言救而後言次？先通君命也。

在莊公三年及僖元年《傳》，釋爲救援不能或不及，皆是舉事無成之況。僖元年《傳》又云「救不言次」，以「不及事」言「次」，則傳文對於經文這些部分的書「次」，基本上認爲含有譏刺、負面的評價。

　　此外，襄公二十三年《傳》之書「次」，未言救援成效。〈疏〉云：

　　　　即僖元年春，齊師、宋師、曹師次于聶北，救邢是也。惡其不遂君

　　　　命而專止次，故先通君命言救。

此年與僖元年救邢的傳文說法相較：

　　　　曷爲先言次而後言救？君也。

則書「次」，配合書「救」，兩者排列先後不同，含義又不一樣了。蓋襄公二十三年先言救後言「次」，爲先通君命，是爲避免專斷、不從君命。這裏「次」又似乎並未含任何評價意思。在僖元年先言「次」後言「救」，〈疏〉云：「今此先言次，知實諸侯。」則先言「次」，表示實爲諸侯之率師。傳文接著又申論：

　　　　不及事者何？邢已亡矣。孰亡之？蓋狄滅之。曷爲不言狄滅之？爲

　　　　桓公諱也。曷爲爲桓公諱？上無天子，下無方伯，天下諸侯有相滅

　　　　亡者，桓公不能救，則桓公恥之。……君則其稱師何？不與諸侯專

　　　　封也。曷爲不與？實與，而文不與，文曷爲不與？諸侯之義不得專

　　　　封也。諸侯之義不得專封，則其曰實與之何？上無天子，下無方伯，

　　　　天下諸侯有相滅亡者，力能救之，則救之可也。

其中，君當是指周天子。表示當時周王室無力援邢，而由齊桓公率師夷，然事不成；爲諱桓公事不成，故不言狄滅之，傳文以襄二十三年言「次」之文相解。然而叔孫豹爲魯大夫，因此所謂「先通君命」則應是指魯襄公，而非周天子。《國語・魯語下》云：

　　　　子服惠伯見韓宣子曰：「……昔欒氏之亂，齊人閒晉之禍，伐取朝歌。

> 我先君襄公不敢寧處，使叔孫豹悉帥敝賦，踦跂畢行，無有處人，
> 以從軍吏，次於雍渝，與邯鄲勝擊齊之左，掎止晏萊焉，齊師退而
> 後敢還。」

此亦從未提及周天子，蓋魯襄公時與前期政治局勢不同者，會盟者皆爲大夫、齊晉等霸主國業已衰亂，楚勢方興未艾，大小諸侯國皆無暇顧及周王室。而當時魯亦爲大夫季孫宿專政，叔孫豹因而先通君命，以振揚襄公聲勢，如此說來較合於情理。《公羊》傳文於此含混其辭，而未能分辨君是指稱周王室或是魯襄公。

其次，《公羊》對於經文書「次」的其他說明有：

莊公八年：

> 《經》八年春王正月，師次于郎，以俟陳人，蔡人。
> 《傳》次不言俟，此其言俟何？託不得已也。

根據〈疏〉的說明，魯出師是爲伐郕（即成），郕同魯爲姬姓之國，爲避免攻打同姓之國，是以魯師停留在郎地等待陳人、蔡人而不汲汲於攻郕，實際上不是以等待陳、蔡師爲目的，因此言「次」又言「俟」。就此條而言，傳文分別了「次」與「俟」的意思，也就是經之書「次」簡單的說是指班師停留駐紮，未含有等待這一層的意思。但是在僖公四年：

> 《經》遂伐楚，次于陘。
> 《傳》其言次于陘何？有俟也。孰俟？俟屈完也。

傳文卻又將經文之書「次」包括「俟」的意思。

莊公十年：

> 《經》夏六月，齊師，宋師次于郎。公敗宋師于乘丘。
> 《傳》其言次于郎何？伐也。伐則其言次何？齊與伐而不與戰，
> 故言伐也。我能敗之，故言次也。

在這個條文中，依宋與齊戰而生出「伐」義，於後「次」似乎又含有褒意，以能敗宋而言之。於此，「次」則含有二重意義，又爲他處所未見。其他在昭公二十五、二十八、二十九年及定公九、十三、十五年的經文書「次」，《公羊》皆未進一步說明書「次」之意旨。

就《公羊》說明經文的內容看來，傳文對於經文的語詞書例並沒有一致的解釋，若不加以嚴格區分，則大抵上相當。但是進一步的，在對於解說《春秋》經文書「次」的用意上，有含混不合理之處，而且經書「次」是褒義？

是貶義？似無一致說明。

四、《穀梁》之書「次」

《穀梁》於經文書「次」又如何作解釋呢？可分爲三組。首先：

僖公四年：

> 《經》四年春王正月公會齊侯、宋公、陳侯、衛侯、鄭伯、許男、
> 曹伯侵蔡，蔡潰。
>
> 《傳》遂伐楚，次于陘。遂，繼事也。次，止也。

昭公二十五年：

> 《經》次于陽州。
>
> 《傳》次，止也。

莊公八年：

> 《經》八年，春王正月。師次于郎，以俟陳人、蔡人。
>
> 《傳》次，止也。俟，待也。

這幾處的傳文對「次」只作詞語的解釋，指停留於某地，未說明是否含有其
他意味。

其次，他處之書「次」：

莊公三年：

> 《經》冬，公次于郎
>
> 《傳》次，止也。有畏也，欲救紀而不能也。

莊公十年：

> 《經》夏六月，齊師、宋師次于郎。
>
> 《傳》次，止也，畏我也。

莊公三十年：

> 《經》夏，師次于成。
>
> 《傳》次，止也，有畏也，欲救鄣而不能也。不言公恥，不能救
> 鄣也。

僖公十五年：

> 《經》三月，公會齊侯、宋公、陳侯、衛侯、鄭伯、許男、曹伯
> 盟于牡丘。
>
> 《傳》兵車之會也。遂次于匡。遂，繼事也。次，止也，有畏也。

傳文說明這部分經文書「次」，含有畏懼的意思。蓋齊之欲滅紀，經文屢書，而紀侯雖幾次向魯求助，而魯多自顧不暇，故在莊三年載魯公之止於郎，是如傳文所言，是有畏於齊國，而齊與魯、紀的外交史實亦可以相印證。而莊十年之「次」則指宋國畏我魯，是傳文解經是依事實順釋之，並沒有一定的褒貶之意。

第三組：

僖公元年：

《經》齊師、宋師、曹師次于聶北，救邢。

《傳》救不言次，言次非救也。非救而曰救何也？遂齊侯之意也。是齊侯與？齊侯也。何用見其是齊侯也？曹無師，曹師者，曹伯也。

襄公二十二年：

《經》八月，叔孫豹帥師救晉，次于雍渝。

《傳》言救後次，非救也。

在這二條中，書「救」、「次」的先後，關係著出師者本意；「次」在其中並沒有救援的意思。如前項所言「救不言次」，而此項於後又書「救」，是表示齊桓公本欲救邢，雖事不成，仍致其本意。而後項在「次」之前書「救」，如襄公二十二年之「次」，〈疏〉云：「豹本受君命救晉，中道不能，故先言救而后言次。若鄭伯未見諸侯而曰『如會』，致其本意。」若依〈疏〉所言，則無論「救」書於「次」之前或之後，都表示出師者在實際上雖皆救援不成，卻都是本著救援的動機出師的。在這個部分，《穀梁》傳文一條以經文「次」、「救」出現的情形說明經意，一條又從書「次」、「救」的先後順序而論，所表示的卻是同一種意思，主要在記載其出師救援的心意。在經文中「救」、「次」同時出現就只此二文，傳文說明方式卻不相同。果此，是《穀梁》傳文於《春秋》用「次」的說解也沒有一致可循之例。然不同於《公羊》者，《穀梁》並沒有評價的語句。此外，在昭公及定公經文書「次」部分，《穀梁》亦如《公羊》未有特別的說明。

五、《左傳》之書「次」

劉師培主張《春秋》經文之書字有一定用意，就《左傳》傳文解釋經文之書「次」，他認為：

定《經》，「渠蒢之次」，賈《注》以為善救鄭。「次」之於文，非徒

師次來之書。《經》所涉尤廣，故「公次乾侯」，貫亦入例，明與「次
滑」之誼同也。〔註3〕

也就是說，劉氏肯定《春秋》中書「次」之文，必有其特殊意旨。他並引賈
注說法，認爲書「次」爲善辭。劉氏所言之善可以有二意：一師出有果效，
爲救援成功之舉。一爲嘉善師出之舉，未論及其成與不成。若據傳文所載則
鮮救援有成效者，故善應從第二義，是爲嘉善之辭。其舉三例分別是莊公三
年「公次滑」，昭公二十八、二十九年「公如晉，次於乾侯」，以及定公十五
年「齊侯、衛侯次于渠蒢」，以下就三例各作討論。

莊公三年，經文首度書「次」，《左傳》首先明確的說明了「次」的意思。

冬，公次于滑，將會鄭伯，謀紀故也。鄭伯辭以難。凡師，一宿爲
舍，再宿爲信，過信爲次。

杜預從而釋之謂「兵事尚速，老師破財，不可以久。」〔註4〕從之，以出師若
有延遲，必有其因。是《左傳》釋書法即在指出，駐軍超過二天以上稱「次」，
乃久師不利於己，有不尋常之事，故後傳文皆詳述其因。此役之載《左傳》
傳文如同《公羊》、《穀梁》所述「欲救紀而不能也」。

據《左傳》的記載，在魯桓公時期，齊、鄭就密商襲紀，而紀亦多次諮
謀於魯，魯並曾因此與齊戰。蓋齊欲謀紀，經傳屢書。〔註5〕到了莊公時期，
齊襄勢強，紀國岌岌可危，魯欲援救紀國，於是會鄭伯商議此事，而鄭國此
時亦有難故辭。面對齊國的強盛軍力單憑魯國也是無力救援，是以最後紀侯
去國，紀亡。

在這部分《穀梁》記載的意思，較似於《左傳》，其謂「有畏也，欲救紀
而不能也。」因齊之勢強而救紀不能。在《公羊》指爲「刺欲救紀而不能也」，
則含有譏刺之意。較之於此處之〈公羊疏〉云：

解云：言此者，欲道《春秋》善齊襄復讎。不書其滅，而刺魯侯不
救紀者，以諸侯本有相救之道，所以抑強消亂，是以刺不相救也。
而善齊襄復讎者，所以申仁孝之思，各自爲義，豈相妨奪乎！

《公羊》四年傳文云：

〔註3〕同註1。
〔註4〕氏撰：〈書次例第二十九〉，《春秋釋例》，頁三。
〔註5〕桓公五年，《左傳》傳文：「夏，齊侯、鄭伯朝于紀，欲以襲之。紀人知之。」
六年：「夏，會于成，紀來諮謀齊難也。」十七年：「夏，及齊師戰于奚，疆
事也。於是齊人侵魯。」

> 紀侯大去其國，大去者何？滅也。孰滅之？齊滅之。曷爲不言齊滅
> 之？爲襄公諱也。《春秋》爲賢者諱。

然齊襄滅紀，是否果如《公羊》傳所云爲復讎之意？根據《左傳》記載的資料顯示，紀國距齊都臨淄不過百餘里，齊欲擴張，非併紀不可。所以齊之滅紀是基於國土利益上的考量，而非爲先祖復讎之舉。其次，在魯桓公十七年，齊襄初立，《左傳》傳文記述著，春魯方平，齊、紀盟於黃，夏即魯、齊戰於奚，齊並侵魯。〔註6〕若齊襄公有此等背盟之事，當不如《公羊》所言「《春秋》爲賢者諱」，而魯之次滑，爲會謀鄭國以救紀。若此，因會謀而魯師停留稍久，亦是合於情理的解釋。再者，魯欲援紀以卻強齊，〈公羊疏〉既許魯「抑強消亂」之義，即言齊襄爲強、亂，則襄公又何爲賢者，就此條而言，《公羊》之說不無牽強之處。

魯與紀爲姻親之好，齊之謀紀，魯多方救助，是以紀國此次亡國之難，魯師援之。「次」于滑，則此爲「次」之行，即可如賈注所言是善魯之辭。

在定公十五年，劉師培認爲「賈氏以爲善救鄭」，這裏的「鄭」應是「宋」之誤，因傳文云：

> 十五年，鄭罕達敗宋師於老丘。齊侯、衛侯次於蘧挐（案：同「渠蒢」），謀救宋也。

這次的宋鄭之戰，《左傳》在哀公十二年方詳述其因。在定公時期宋公子地奔鄭，是以鄭伐宋，蓋欲取其地以處之當時，齊景公有抑晉代興之志。而本爲強權的晉國正逢內亂，對各諸侯盟國又行處失當，是使宋、衛、魯、鄭、蔡等皆轉向齊國，因此齊、衛援宋之舉，可視爲齊調解諸侯從國之義舉，則「次」或可爲嘉善此援師。

昭公二十八年及二十九年魯公兩度「次」于乾侯，據《左傳》傳文記載：

> 二十八年春，公如晉，將如乾侯。子家子曰：「有求於人，而即其安，人孰矜之？其造於竟。」弗聽，使請逆於晉。晉人曰：「天禍魯國，君淹恤在外，君亦不使一个辱在寡人，而即安於甥舅，其亦使逆君？」使公復于竟，而後逆之。
>
> 二十九年春，公至自乾侯，處于鄆。齊侯使高張來唁公，稱主君。子家子曰：「齊卑君矣，君祇辱焉。」公如乾侯。

〔註6〕《公羊》於此未暇多論，僅〈注〉云：「此戰蓋由桓公曰：『同（指莊公）非吾子』，云爾。」

魯公首度次于乾侯，由於齊侯卑視魯公，公轉而欲前往晉國。而子家子認爲有求於晉人，當初魯公既曾安居於齊，在這樣的情況下，是難以引人同情的，還是謙卑的先到邊境等待晉國的回音，魯公不聽，仍然請求晉人直接將他迎往晉都。然晉人依理拒絕魯公的要求，還是請魯君先到邊境上等丟再迎接他。魯公不用子家子言，以至於見辱。第二年之「次于乾侯」，據《春秋左傳注》的說法，春秋時卿大夫家臣稱卿大夫爲主爲君，此齊侯稱魯侯爲主君，是比魯公爲大夫，〔註7〕也就是子家子說的「齊卑君矣」，而魯公再度如晉，仍只能滯於乾侯。這二處書「次」，公之出唯受辱而已。由此可見「次」，不一定是善辭。劉氏謂「次于滑」與「次于乾侯」同誼。然二「次」的情況差異頗大，「次滑」爲援紀，「次乾侯」是魯公欲晉人迎至晉都，晉卻止迎于乾侯，前者雖援救不成，然師出有義，後者徒取辱而已。也就是說二「次」非皆善美之辭，劉氏同誼之說若是就因依賈氏之說將「次」視爲善辭，則劉氏說顯然不合《左傳》釋「次」的實際情況。

杜預釋之謂：

> 兵未有所加，所次則書之，以示遲速。公次于滑，師次于郎是也。既書兵所加，則不書其所次，以事爲宜，非虛次，諸久兵而不書次是也，既書兵所加而又書次者，義有取于次。遂伐楚，次于陘，盟于牡邱，遂次于匡是也。所紀或在事前，次以成事也，或次在事後，事成而次也，皆隨事實而無義例也。〔註8〕

杜氏也認爲經文非徒書「次」，無論兵有所加、未加，書「次」皆有其義。然《左傳》並未申其義爲何？此乃是傳文「直書其事，具文見意」的詮經方式。見《左傳》載僖四年：

> 四年春，齊侯以諸侯之師侵蔡。蔡潰，遂伐楚。楚子使與師言曰：「君處北海，寡人處南海，唯是風馬牛不相及也，不虞君之涉吾地也，何故？」管仲對曰：「昔召康公命我先君大公曰：『五侯九伯，女實征之，以夾輔周室！』賜我先君履，東至于海，西至于河，南至于穆陵，北至于無棣。爾貢苞茅不入，王祭不共，無以縮酒，寡人是徵。昭王南征而不復，寡人是問。」對曰：「貢之不入，寡君之罪也，敢不共給？昭王之不復，君其問諸水濱！」師進，次于陘。

〔註7〕楊伯峻：《春秋左傳注》，頁 1498。
〔註8〕同註4。

夏，楚子使屈完如師。師退，次于召陵。

又見僖公十五年：

十五年春，楚人伐徐，徐即諸夏故也。三月，盟于牡丘，尋葵丘之

盟，且救徐也。孟穆伯帥師及諸侯之師救徐，諸侯次于匡以待之。

此所載史事，是齊桓公王霸過程中的兩個事件，為桓公率諸侯盟軍伐楚的經
過。依《左傳會箋》的說法：

書次者，有制之師，以見桓之不戰而詘楚也。桓操必勝之勢，收不

戰之功，故《春秋》詳序以著其績。……既言伐楚，則已叩楚境，

故楚曰：『涉吾地也』。〔註9〕

由《左傳》的記載楚使與管仲的對話可知諸侯師出有名，由書「次」之序見
眾師伐楚之有制，可見齊桓之善霸，管仲之善政。杜氏又言：

善不在次也，而賈氏皆即以為善次，次之與否，是臨時用兵之直，

非禮之所素制也。若魯公次于乾侯之比，非為用師，不應在例而復

例之，亦為濫也。〔註10〕

劉文淇駁杜言曰：

按君行師從，賈舉公次乾侯，正謂非兵事亦得言次，《釋例》說非。

〔註11〕

然則劉氏的反駁，恐怕只能說明「次于乾侯」可入「次例」。至於「次」是否
是善辭，依前所論述，「次于乾侯」實無可嘉善之舉，因此杜預所言賈氏之例
濫，並非沒有道理。至於其他經文書「次」處，《左傳》雖未一一的說明久師
的原因，可能是《左傳》不及載事，未必是《春秋》無此用字之例。

六、結　語

綜言之，對「次」的詞義解釋，三傳大致相同，而《左傳》的解釋更為
詳細而明確。就形式而言，《左傳》在經文最先書「次」的條文下，詳細說明
了「次」的意思，以下經文書「次」之處就不再重覆說明。較之《公》、《穀》
每於經文書「次」之後，重覆釋義，而且意思不見得一致的情況下，《左傳》
顯然較二傳更有系統。

〔註 9〕竹添光鴻：《左傳會箋》，頁 333。

〔註 10〕同註 4。

〔註 11〕氏撰：《春秋左氏傳舊注疏證》，頁 139。

從釋經方式來看,《公》、《穀》對於史實的敘述不多。其說解乃爲逐字逐句、問答式的說明,此方式以經文字詞寓有善惡譏刺的評價,乃以經文有一定之法爲前提。依此,對於《春秋》的說可以有二情況。一是對經文書法用意有一致的說明;蓋經文簡鍊,既有一定之書法,是以用字表達應有一致的含意。解經者即是說明此一定用意,此用意並寓含有一定褒貶譏刺的評價。另一種情況是經文雖有一定書法,可依不同的史實事件有不同用意,說明的用意雖不一致,但在基本上所表達的褒貶譏刺之意,可以是一致的。

《穀梁》說明了書「次」之詞意和用意,如「次,止也,畏我也。」「次,止也,有畏也。欲救郱而不能也不言公恥,不能救郱也。」未說明是否寓有譏刺褒貶。在其他書「次」的說解時似乎也沒有含有明顯評價意味。

《公羊》對「次」未作字詞解釋,直接說明經文用意。如「其言次于郎何?刺欲救紀而後不能也。」「其言次于陘何?有俟也。」似是屬於第二種說解方式,但對書「次」沒有一定用意解釋。換言之,《公羊》與《穀梁》的說明用字之意,各不相同之處。而且《公羊》本身在說解《春秋》書法評價上也不一致,時有譏刺意,時有褒揚意,對於經文書法的判斷標準,並不能經由傳文本身確知,或另自有其大義系統,爲之詮釋、彌縫,亦未可知。

杜預〈春秋序〉謂:

> 《春秋》雖以一字爲褒貶,然皆須數句以成言,非如八卦之爻可錯綜爲六十四也。固當依傳爲斷。

主張《春秋》有一字褒貶之義,在解讀時,需要以傳文爲依斷。然而如何以傳文爲斷呢?若依照《公》、《穀》的說解方式,傳文已直接表示褒揚貶損,而《春秋》所載之時又已久遠,因此,除非認定《公》、《穀》之隨經說解者必定就是經義,否則根據傳文無一致可循的說解來理解經義,並無從證其是否貼切的說解經義?

若如《左傳》,以史實的陳述來表現經義,其中對於史實的檢別選擇,蘊含著作傳者的經義的理解。如傳文在經文首度出現「次」時,說明出師二宿以上稱「次」,而久師必有特別理由,否則班師應尚速早還。因而經書「次」非比尋常,有其特殊用意。其次,每書「次」的用意不一定相同,如杜氏說「善不在次」,則書「次」表示事件的不平常,並非有善辭、惡辭的分別,而是在不同情況下,呈現各個事件所代表的意義。如「公次于乾侯」之事,由子家子所言而知政治上應對進退之宜。子家子曰:「有求於人,而即其安,人

孰矜之？其造於竟。」〔註12〕後見魯公由於行止不當，自辱於晉。如諸侯師「次」於陘、召陵，傳文記述楚使與管仲的對話，知楚之不敬王室。而齊桓公既號以尊王，則伐楚爲義舉，既爲義舉，則兵師有制，書「次」或表現了諸侯師不以殺戮爭征爲目的，是爲尊王室而討不庭的有制之師。雖然嚴格的說禮樂征伐應由天子出，可是當時王室積弱不振，周鄭繻葛之戰、王子克之亂、王子頽之亂，紛爭不已，根本無暇也無力顧及楚之不敬。伐楚雖由齊桓公率師，乃是不得已之勢，若以舊時禮制限定之，則失孔子因時損益之義。果如此，則《左傳》以陳述客觀事實來表現經義，說明現實狀況，於現實中寓予正義之旨，正是太史公自序謂孔子云：「我欲載之空言，不如見之于行事之深切著明也。」之精義。

　　劉師培雖論斷：「故經字相同即爲同怡，所以正義宜指而應物辨事也。」就實考察，雖經字相同非爲同怡，然由《左傳》傳文敘述師次之故，詳知其史事實況，且擇引時人評論以說明應所進退、禮之所以，其作用仍如劉氏所謂「所以正義宜指而應物辨事也」，可見劉氏眼光之獨到。

參考書目

1. 《十三經註疏》，江西府學刊本，臺中：藍燈文化事業公司，出版年月不詳。
2. 《劉申叔先生遺書》，清·劉師培，臺北：華世出版社，1975 年 4 月。
3. 《春秋釋例》，晉·杜預，臺北：中華書局，民國 69 年台二版。
4. 《春秋左氏傳舊注疏證》，清·劉文淇，日本：中文出版社，1979 年 5 月。
5. 《左傳會箋》，日·竹添光鴻，臺北：天工書局，民國 82 年 5 月。
6. 《春秋左傳注》，楊伯峻，臺北：洪葉文化事業有限公司，1993 年 5 月初版。
7. 《國語》，吳·韋昭註，臺北：里仁書局，1981 年 12 月。

〔註12〕《左傳》昭公二十八年文。

附錄二：從《左氏春秋義例辨序》論《春秋》與《左傳》的關係 *

摘　要

　　《左傳》是否傳解《春秋》？是我國經學史上爭議不斷的課題之一。自漢代以來，多數學者從《左傳》的成書、作者或是傳承提出對此一課題的各式見解。圍繞在《左傳》沿承問題之外，現代學者陳槃著作《左氏春秋義例辨》，則就《左傳》的內容進行辨析，並於〈序〉中提出對《左傳》與《春秋》性質的說明，表示對《左傳》傳解《春秋》的質疑。本文嘗試從陳槃對《左傳》的辨析與傳經說的質疑作一討論，提出不同的觀點，並說明《左傳》傳解《春秋》的特點。

一、前　言

　　《穀梁》、《公羊》和《左傳》是傳注《春秋》經文的三部書。其中《穀梁》和《公羊》經在西漢時先後設於學官，由胡毋敬和董仲舒二家傳授，《左傳》遲至平帝時方一度立於學官。根據《漢書·儒林傳》的說法，漢初雖然有關於《左傳》的研究，但是一直要到劉歆爭取將《左傳》立於學官，〔註1〕才開始出現《左傳》是否傳《春秋》經義的爭議。

＊　本文發表於《復興學報》，1999 年。
〔註 1〕　《漢書·儒林》：「漢興，北平侯張蒼及梁太傅賈誼、太中夫劉公子皆修《春秋左氏傳》。」

在漢代今、古文經的爭論中，對於《春秋》經傳方面的討論，主張《左傳》傳《春秋》經，以《左傳》爲解《春秋》大義的重要典籍者，爲古文學派；認爲《公羊》在解釋《春秋》經義中的重要性高於《左傳》，以《左傳》重史事的敘述未足以傳《春秋》之經世大義者，爲今文學派。〔註 2〕今文家尊崇孔子爲聖人，認爲《春秋》是孔子經世理想的呈現。他們認爲《春秋》是孔子借魯國所載的史事以彰明萬世之法。另一方面，古文家也推崇孔子，但認爲《春秋》是孔子祖述周公之志的著作，因此《春秋》是一部記載周公之法的史書，由魯國史事的記錄中，可以得見周公的經世之旨。後世學者認爲，古文家說法令孔子地位由創立萬世之法的聖人，轉爲傳聖人之法的史家。〔註 3〕

今古文派之爭的核心問題主要是在《左傳》是否傳大義上，而這樣的爭議基本上來自對《春秋》的性質有不同的看法。可是儘管今古文學家對於創作《春秋》經世大義的作者見解不同，但是兩派都一致的認定孔子所作的《春秋》含有所謂的微言大義。然而，當代學者陳槃在所著《左氏春秋義例辨》中，認爲周公之遺法或是孔子的筆削大義並不存在，並以傳文之義例爲妄加之說。陳氏不僅對《春秋》的性質有所論述，並且以廓清《左傳》義例的方式，否定《左傳》傳經之用，爲《春秋》經傳的相關議題提出了一個不同觀點，本文試就其論述做一討論。

二、陳氏論《春秋》的性質

陳槃於《左氏春秋義例辨》（以下稱《義例辨》）的綱要中，首先說明：

> 《春秋》，魯史也，非聖經也。其書法皆舊文史所習用者，此固無可
> 否認者也。而三傳者流牽引附會，鑿爲義例。（《義例辨》，頁 11）

認爲《春秋》只是魯史的記載，不是聖人之法的傳述。即使其中有所謂的義法存在，大多也是古代記史的常例，主張三傳中解釋孔聖人筆削大義的部分，大都只是後人的附會。也就是說，陳氏認爲經書中沒有隱藏著聖人的微言大義，而只存有史書皆有的評論筆法，因此所謂的《春秋》義例，應該就是古代史家通行的書法而已。

再者，陳槃雖然肯定《左傳·昭二年》中韓宣子所見的舊史「春秋」是周公遺法，卻不認爲《春秋》經過孔子筆削：

〔註 2〕 參見錢穆《兩漢經學今古文平議》頁 256～260。
〔註 3〕 此說法可見於皮錫瑞（《經學歷史》頁 93）與熊十力（《乾坤衍》頁 52）。

魯舊史爲周公遺法，此無可疑也。……舊「魯春秋」據云已遵周公
之制，何煩孔子更爲筆削？故知孔子發明周公舊典筆削《春秋》之
說之爲譌也。（《義例辨》，頁 15）

他不但否定孔子作《春秋》的說法，而認爲孔子自謂「述而不作，信而好古」
的「述」和「治」、「論」的意思一樣，並不能就此說《春秋》是孔子所構作。
他並引袁轂芳氏《春秋書法論》的一段說法（《義例辨》，頁 16），說明孔子只
是藏錄魯國的史書，並未創制新法。孔子的功勞只是將魯國所行的聖王之跡
保存下來，從魯國著錄的史事上就可以看出周公遺法所在，不需要孔子賦予
大義。那麼，陳氏是否贊同古文家的說法，認爲《春秋》大義爲周公所創制？
他認爲：

若云上遵周公遺制，則周公方當盛世，無緣預爲周公立法。（《義例
辨》，頁 13、14）

是周公並未爲後世創制立法，可見陳氏不認爲《春秋》寓有所謂的聖人大義。

另一方面，陳氏看法又接近於古文家，以孔子貢獻在於保存先王治世之
跡，由史事的勘載中就可得見經世之法。然而古文家認爲《春秋》是經過孔
子筆削，才能呈現先王的治世之法；也就是說《春秋》中隱含的大義雖然是
周公所創制，卻是經由孔子進一步的借魯國的舊有的史事表現才能顯現，這
使得孔子雖然不是創立萬世之法的聖人，也是祖述、顯示聖君之法的大功臣。
陳氏卻認爲魯國《春秋》早已行周公之制，所以當時的魯國史官就是根據周
公治世的理想和標準在記載「時事」，對於亂臣賊子的褒貶本來就是史官的責
任，這些都只是魯國史官的書法，並非孔子之意，孔子只是這部史錄的傳承
過程中一位重要的保管者而已。這不但使得孔子從爲顯現聖王之法的功臣，
再降爲只是保存史事的重要人物，同時《春秋》具有聖人經世大義的性質亦
隨之消散，成爲一部純粹的史書；而《春秋》之所以重要，是因爲記載實行
周公之制的魯國史事罷了。在這樣的觀點下，則《春秋》價值僅止於史事的
記載，進而影響陳氏對義例價值的判斷。

三傳咸以《左傳》義例爲筆削大義者，陳氏卻認爲這些義例矛盾繆亂，
將《春秋》說成是孔子所作的，反而是誣蔑孔子的聖人地位。換言之，陳氏
以《左傳》義例的記載繆亂，說明《春秋》的書法誖亂，〔註4〕認爲孔子不可

〔註4〕陳槃所論的義例，是指《左傳》中所說《春秋》筆法。他說「魯舊史爲周遺
　　　法，此無可疑也，然余茲所論者乃《左傳》中之筆削大義。大義之說，託《春

能作出這等不符合聖人形象的事，而認定《春秋》不爲孔子所作。因此，陳氏從論辨《左傳》義例之謬誤，進而說明《春秋》不存在有筆削大義。

三、陳氏論《左傳》義例之解《春秋》

　　所謂義例，指《左傳》中如「書曰」、「君子曰」或「不書」等傳文，乃指出《春秋》特殊書法，並說明經文意旨者。陳氏不認爲《春秋》含有聖人所言的經世大義，只是行周公舊制之魯史，所謂的筆削大義也只是史官的書法，是以《左傳》解釋的微言大義，其實並未蘊含聖人的理想。陳氏並以《左傳》義例爲闡發《春秋》一字褒貶之義者乃虛妄之說，主張所謂的義例解經，是杜預注《左傳》時的附會。陳槃認爲《春秋》是一部史書，其中的書法是魯國史官所爲，那麼《左傳》中解釋《春秋》筆法的義例，都是後人爲附會《左傳》解《春秋》中聖人經世之義而添加的，或抄錄他說，或向壁虛造，並舉出《左傳》中添造的義例來源，共二十四項。

　　首先，當中十四項：

　　　　一、鈔襲舊文史恆辭。

　　　　二、鈔襲《曲禮》。

　　　　三、鈔襲《國語》。

　　　　四、鈔襲《公》、《穀》二傳。

　　　　五、鈔襲《公羊傳》。

　　　　六、鈔襲《穀梁傳》。

　　　　七、推演二《傳》說。

　　　　八、推演《穀梁》說。

　　　　九、曲學阿世故亂《公羊》說。

　　　　十、鈔襲《洪範五行》說。

　　　十一、鈔襲《說苑》。

　　　十二、以舊史褒貶爲孔子褒貶。

　　　十三、尋常文法託之孔子。

　　　十八、不明古史有稱謂隨時一例。（頁 49、50）

等各項，陳氏以義例內容多是鈔自他書，並就行文章法來看，指出《左傳》

　　秋》以行，後儒不詧，混爲一事，此惑也。」（頁 15）

的許多疑點。以下就陳氏之舉證條陳辨明之。

（一）在第四項至第九項中，陳氏認為《左傳》的許多義例，正是剽竊或推衍《公羊》和《穀梁》以及他書的內容。〔註5〕就所論可分二論：

1. 比對三傳異文

陳氏引顧頡剛的看法來說明《左氏》中所記錄的經文部分有抄自《公》、《穀》二家之處（見《義例辨》，頁28），謂：

> 《公羊》經于地名或不標識，而《穀》、《左》則輒加「邑」旁，似《穀》、《左》為後起。……觀僖公廿一年經，《公羊》本作「會于霍」，《穀梁》本作「會于雩」，《左氏》本又作作「會于盂」。是則《穀》對《公》為形訛，《左》對《穀》為音轉。……則《穀梁》本取自《公羊》，《左氏》本又出于《穀梁》出可知。至《左氏》經文同於《穀梁》者十之七八。

從《左傳》與《公》、《穀》在經文上的差異，來說明《左傳》的成書時代後於《公》、《穀》。然而，顧氏的說法只能說明寫定今本《左傳》的時候，在文字上可能有形訛或通假的情況，並不見得《左傳》的內容是抄自他處。陳氏、顧氏之論斷猶有疑處。

2. 比對三傳義例說法，試論其二例。

（1）在《春秋》的記事中，大部分都有年時月日的記載，有些史事沒有日月的記錄，而《左傳》以《春秋》中不書日月乃是一種筆法：

> 《經》、隱元年冬十有二月，公子益師卒。

> 《傳》、公不與小斂，故不書日。

大夫死日卒，國君親視大夫小斂，則為當時君王應盡之禮。〔註6〕《左傳》義例解釋《春秋》沒有記日的原因，隱含著魯君未親自觀禮這一層意思。陳槃參考葉夢得《春秋讞》中的說法：

> 日月為例，《公羊》、《穀梁》之失也，而《傳》亦一見於此。然文書「甲申，公孫敖卒于齊。」宣書「辛巳，仲遂卒于垂。」成書「壬申，

〔註5〕 陳氏又說《公羊》、《穀梁》有相互傳抄之嫌。然姑且不論二者是如何成書，其中所言之義例皆在表明《春秋》含有經世大義。即使《左傳》的義例是抄自《公》、《穀》二家之說，仍可以是解釋《春秋》大義者，與其《春秋》是史書，當中並無筆削大義的立論不見得有關。

〔註6〕 楊伯峻《春秋左傳注》指：「以衣衾加於死者之尸曰小斂，以死者之尸入棺曰大斂。」（頁19）

公孫嬰齊卒于貍脤。」皆在境外，公固不得與小斂而皆書日，則公子
益師之不書日，豈以不與小斂哉？吾嘗疑《左氏》出於戰國之際，或
在《公羊》、《穀梁》後。（《義例辨》，頁27、28）

葉氏在三項舉證中，指出三位大夫都卒於國境外，所以魯國國君不能親臨觀
斂，而《春秋》卻書其時日。這些是國君「不與小斂」的事例，然而《春秋》
其他的記載中，有「公不與小斂」而書日的條例，因此以日月為例有不一致
之處，是有問題的。《左傳》鮮有以日月的書法為《春秋》筆法，而以日月為
例是《公羊》和《穀梁》常有的缺失，葉氏認為而《左傳》在此是犯了和《公
羊》、《穀梁》同樣的錯誤，也就以這一項有問題的義例，懷疑《左傳》是出
於戰國時代，或者是出於《公羊》、《穀梁》之後。

　　然而杜預認為「在外大夫不卒于國，而猶存其日者。君子不責人，以所
不得備，非不欲臨也。」（《春秋釋例》卷一，頁11）根據這項說法，國君不
能親與小斂，是因為公孫敖在死的時候已經不是大夫的身分，而仲遂和公孫
嬰是卒於境外，是以皆書日，而公子益師為魯大夫，卒於魯國境內，君卻不
親與小斂，且傳文不書日，其中當有存在特殊理由。〔註7〕

　　《左傳》於隱公元年正月之傳文謂「不書即位，攝也」。杜預解釋說：

隱公。……追成父志，為桓尚少，是以立為大子，帥國人奉之，為
經元年春不書即位傳。（《春秋經傳集解》，頁2）……假攝君政，不
修即位之禮，故史不書于策。（頁5）

以隱公為攝位之君，不同於國君，因此有不同的作法。根據《春秋左傳注》，楊
伯峻說明「當時隱公不行此禮者。或係自謂攝位，謙讓不以國君自居」（《春秋
左傳注》，頁19）以隱公不親與小斂，是因為非居國君之位，故不行國君之禮。

　　在「公不親與小斂」的事件中有因身分的關係，有因處於境外的原因使得
公不能親與小斂，然而公子益師不僅是大夫，而且是卒於魯國境內，因此依禮
君王應親與小斂，然由於隱公的身分特殊，所以不行國君之禮，故《左傳》特
標「不書日」，以區別其他君不親與小斂的事件。因此陳氏以此「不書日」例說
明《左傳》的內容有問題是不成立的，更不能由此推測《左傳》成書的時代。

　　（2）在隱五年春《左傳》經文：「公矢魚于棠」，《公》、《穀》二傳則為
「觀魚」，《左傳》與二傳所載的經文有出入。陳氏認為此處經文意思應是：

〔註7〕《春秋釋例》頁十一謂：「魯大夫卒其境內，則不書地。」依此說，則公子益
　　　師是卒於國境內。

「矢」，射也。謂射魚棠地也。射魚以爲宗廟之奉，本是舊制，西周
以後，漸以廢弛。……《左氏》經作「矢魚」，《傳》載僖伯之言曰
「則公不射」，蓋經、傳猶存本字（《義例辨》，頁 28、29）

認爲傳文中「公不射」是指國君不親自射牲，所以「公矢魚」是指君王行射
魚之禮，陳氏認爲此處經文的「矢」應是弓矢之矢，用來當做射箭的射。然
而劉歆訓「矢」爲「陳」，以爲舖設之意，是跟從《公》、《穀》的「觀魚」所
作的引申。陳氏認爲劉歆忽略古時確有射魚的禮制，這樣的誤失可以證明《傳》
文是虛構的，是劉歆編造《左傳》，勒合《公》、《穀》二傳而來，故《左傳》
成書後于二傳。

杜預依傳文解釋將經文「矢」訓爲「陳」，《正義》補充「魚」是指漁獵，
「矢魚于棠」是指在棠陳設田獵之事。〔註8〕《左傳》解釋「公矢魚于棠」的
傳文是引臧僖伯之諫言說明：

鳥獸之肉，不登於俎，皮革齒牙骨角毛羽，不登於器，則公不射，
古之制也。

劉文淇認爲傳文中「公不射」指祭祀射牲中的田獵之舉，不必拘泥於是躬身
射牲之意。〔註9〕僖伯主要是勸誡隱公，除非爲了祭祀，國君是不贊田獵之事
的。然而魯公之欲「如棠觀魚」，陳設了田獵之務，卻不是爲宗廟祭祀，是不
合「鳥獸之肉，不登於俎，皮革齒牙骨角毛羽，不登於器，則公不射」的古
制。因此，《左傳》與《公》、《穀》經文雖有所差異，但是意思是一樣的，而
且《左傳》的解釋與經文也是一致的，因此也無法由此說明《左傳》傳文有
誤，是勒合二傳而來的。

（二）陳氏在第二、三及第十、十一項指出《左傳》有鈔襲《國語》、《說
苑》、《洪範五行》以及《曲禮》者。陳氏的舉例多謂《左傳》與這些書的內
容有雷同處，是《左傳》鈔襲的證明。此則忽略二種可能：一、《左傳》可能
先成於他書，而爲他書所轉引。二、爲舊史文之通例。其中《國語》的作者
不可考，疑爲戰國時作品，《洪範五行》疑爲述古之作，而《曲禮》著作時代
亦多有爭議，《說苑》則成書於西漢，且未見其書，這些典籍的著錄都有可能

〔註 8〕 氏撰：《春秋經傳集解》：「書陳魚，以示非禮也」（頁 29）《正義》：「魚者，猶
言獵者也」（頁 58）
〔註 9〕 氏撰：《春秋左氏傳舊注疏證》：「案僖伯諫辭，自因觀魚而通論田獵，……惠
棟云此指祭祀射牲。」（頁 33）

後於《左傳》。而第二種可能則與下述「舊史恆辭」、「尋常文法」理由近似。

　　第十二項、以舊史恆辭爲孔子褒貶。十三、尋常文法託之孔子。十八、不明古史有稱謂隨時一例。陳氏認爲所謂義例就是解釋古史中通用的語辭用法以及文法、記載名號稱謂的方式，而其中具有褒貶之意者，也只是史官記錄時的筆法，無關於聖人之言。這樣的說法猶如杜預在〈春秋序〉中提及：

> 其發凡以言例，皆經國之常制，周公之垂法，史書之舊章，仲尼從
> 而脩之。以成之通體，其微顯闡幽，裁成義類者。皆據舊例而發義，
> 指行事以正褒貶。(《春秋左傳正義》，頁 11)

以《春秋》既是孔子據魯史舊章而修，本來就具有史家的通用書法。亦即孔子的褒貶之意同於史家者，則孔子不加增刪，據舊例以發義。因此經文既有據舊例而發義者，那麼傳文亦有對舊例，也就是文史通例的解釋，亦是合理。然而陳氏以部分義例同於舊史恆辭，來說明《左傳》義例是妄加添造，實有可商議之處。

　　除此之外，陳氏又謂：

> 十四、不知經用周正。十五、不知誤文。十六、不知闕文。

第十四項到十八項，都是說明推衍義例者所犯之錯誤。在第十四項中，陳氏指出魯史是根據周曆記事，而《春秋》因之。而《左傳》卻多以夏曆記事，義例說明《春秋》時與不時的問題時，便產生錯亂的情形。陳氏舉以宣八年之事：

> 「冬十月城平陽」周之十月，夏之八月，正是「不時」，而《傳》例
> 曰「書時也」亦已疎矣。(《義例辨》，頁 95)

認爲「城平陽」在經文的記載是十月，經文以周爲正採周曆，周曆的十月卻是夏八月，非冬季，而《左傳》卻書「時也」，表示得時之正。陳氏認爲傳文有所訛誤。然而依楊伯峻之說法，此「城平陽」之文雖接「冬十月葬敬嬴」之後，卻未必是指十月，可能是十一月或十二月，而且當年有閏，曆家推言閏在五月，則十一月城平陽，時爲冬，則傳文未嘗不可以書「時」(《春秋左傳注》，頁 698)。再者，若《左傳》以夏曆記事，相配於《春秋》之周曆記事，亦未嘗不可。因此單就使用曆法之相異，而言《左傳》與《春秋》不相干，並以此證義例之誤，恐怕有待再進一步之考察。

　　第十六項不知闕文，陳氏認爲《春秋》有闕文，而《左傳》義例有以闕文爲筆削大義加以演說者。如隱公元年不書即位之例，陳氏認爲無論隱公是攝政或即位爲王，稱爲公便已認定其一國之君，而未見「即位」二字，只是

闕文的現象。〔註 10〕然而根據三傳說法，一致的指出隱公雖行即位之禮，卻存有讓位於桓公之心，因此經文以不書即位，表示隱公辭讓之意，而傳文的解釋與經文的記載是一致的。

十九項至二十四項是推斷《左傳》後人增加義例的方式：

十九、斷章取義。二十、據後起觀念推論古制。二十一、望文生例。
二十二、嚮壁虛造。二十三、強經從傳。二十四、注家之增義解經。

（一至二十四項可參照《義例辨》，頁 49～102）

在這幾項判定中，陳氏以經文和傳文來說明《左傳》中的「書曰」、「不書」之例為後人所虛造。引經文以證明義例之謬，見襄二十七年經文：

夏、叔孫豹會晉趙武、楚屈建、蔡公孫、歸生、石惡、陳孔奐、鄭
良霄、許人、曹人于宋。秋七月辛巳，豹及諸侯之大夫盟于宋。

經文在第二次提及魯大夫叔孫豹時，簡以「豹」。《左傳》敘述這一段史事時說：

季武子使謂叔孫以公命曰：「視邾滕。」既而齊人請邾，宋人請滕，
皆不與盟。叔孫曰：「邾滕，人之私也。我列國也，何故視之？宋、
吾匹也。」乃盟，故不書其族。言違命也。

季武子稱襄王命告訴叔孫豹，盟會時魯國的立場比照邾國、滕國就可以，當時邾、滕二國為齊、宋的屬國，屬國是不參加結盟的，叔孫認為魯國位列諸侯，如何可以和邾滕等私屬於他國者相對等呢？於是自作主張加入結盟之列，而經文之所以再提及叔孫豹時只書「豹」？就是因為他違反襄公的命令的緣故。陳氏認為，從書法上說古文有省辭之例，從事義上說，陳氏反對杜預「宜崇大順以顯弱君」的說法。認為大夫出境有專對之義，所以叔孫豹不應見貶，因而駁斥義例言《春秋》省辭，以貶叔孫豹為妄加之說。（見《義例辨》，頁 227）

然而當時魯國之患，不在其國之不尊，而在臣不奉君命。《左傳》在敘事的部分曾說明季武子是稱公之命，倘若叔孫明知其非，而奉承不違，則可以使魯人知君命不可違，而公室可張。（參《左傳會箋》，頁 1239），且叔孫豹雖有尊國之功，然《春秋》嚴君臣之敬，故仍貶叔孫豹。如此，傳文將這一段曲折的史事呈現出來，其中的原委也藉由不書氏族的筆法披露出來。

其次，陳氏曾引傳文來說明義例之謬，在「望文生例」這一項中說《經》書「公薨于乾侯」（昭三十二年），則生「書曰公薨于乾侯言失其所也」。例如

〔註 10〕可參見三傳說法及陳槃《義例辨》卷八：「不書例」、「不書即位類」（頁 658）。

見《傳》載「諸侯復伐鄭，宋公使來乞師，公辭之。羽父請以師會之，公弗許，固請而行。」（隱四年）遂因「公弗許」而生「書曰翬帥師疾之也」例是也（《義例辨》，頁 100）。陳氏又言，經傳相爲發明者，就是望文生例的註腳，而《春秋》中的史實，《左傳》絕大部分都有敘述，也就是陳氏承認《左傳》在敘事的部分，可以說明《春秋》所載的史事，而在義例的部分，是後人順著經文或傳文的文意而添加的。雖然陳氏主張《左傳》是劉歆割裂《國語》，再加上自己所編造的義例而成，將《左傳》分成敘事和義例兩部分。若如上所論，則至少陳氏也認爲經傳有可相發明之處，亦即《左傳》在敘事的部分，是具有說明《春秋》的功用。

最後，在第十七項中，陳氏謂傳文不知古人著書體例多不一致。古人著書雖有一致的書法，但是仍不免有體例不一之處，而《左傳》卻就此不純體例加以發揮，於是產生謬誤。陳氏認爲《春秋》是一部體例不純的史書，卻又不接受王安石判定《春秋》是一部斷爛朝報（《義例辨》，頁 98）。然而依陳氏的說法，由於《春秋》之甚多闕文，再加上書法不一致，造成解讀不易，那麼現在所看到的《春秋》，實際上也不得不爲斷爛朝報的判定。

四、論陳槃廓清左傳義例之方法

義例的廓清，是檢驗《左傳》義例是否具有詮釋《春秋》效用之初步。陳氏以十種方法辨識作僞之義例，分類言之，一以文法比較之，二、以他書所載史事、《左傳》傳文和傳例本身，相質於傳例。三、以儒家思想檢證之，陳氏雖然在第七項中才提出「以魯史證《春秋》筆削大義之誣」檢證方法（見《義例辨》，頁 122～140），然《春秋》之有筆削大義實是義例存在的前提，故先論此。

陳氏研究魯國舊史，以三種材料作爲魯舊史，《國語》之〈魯語〉、《左傳》中記魯事部分及《禮記》中載魯之事，來說明《春秋》也是魯舊史之一，所謂《春秋》史法，即魯舊史恆辭，所以筆削大義根本爲無稽之說（頁 131）。首先，就陳氏所謂魯國舊史而言，這些材料的內容都是後出於《春秋》，若謂承襲《春秋》之筆法，亦未嘗不可。即使陳氏證明了《春秋》是魯舊史，杜預在〈春秋序〉曾說：

其微顯闡幽，裁成義類者，皆據舊例而發義。

《春秋》有因襲魯史舊例者，是舊例合於褒貶之意；有新意、變例者，是舊

史未能發明大義或有錯失，故改其舊史。因此，可以說《春秋》的基本材料是魯舊史，如此有史書通用筆法也可以解釋，因而不能由《春秋》中有舊史書法來確認《春秋》中沒有筆削大義的存在。陳氏想由《春秋》沒有筆削大義，來證明義例爲妄說，恐怕不能成功。然而從另一方面有筆削大義的存在，是否就可以確定義例之說的成立呢？卻也不見得。

《春秋》經文十六年中記載：「宋人弒其君杵臼。」《左傳》敘述經過之後，義例說「書曰：『宋人弒具君杵臼』君無道也。」《左傳》有另一項義例可以與此例相佐：「凡弒君稱君，君無道也；稱臣，臣之罪也」（宣四年傳例）。陳氏先就事義上引前人的說法（《義例辨》，頁 397～401），說明杵臼不爲無道之君，所以義例的說法乖違史實。其次，在文法上陳氏就《國語》中有「宋人殺昭公」、「晉人殺懷公」、「某人」弒稱君之例，「莒大子僕殺紀公」、「欒書殺厲公」稱臣之例，故弒君稱君稱臣不爲《春秋》特筆。可是，查看文公七年和十六年《傳》的記載，曾記昭公無道之史實，如高士奇所言「昭公不能其君祖母，又欲盡去群公子，披枝葉而縱尋斧焉，此敗亡之道也。」（《左傳紀事本末》，頁 535）當時雖然襄夫人不母，公子鮑不臣，然昭公無道之實並不能因此而泯沒不載，所以義例的說法並未違反傳文。

其次，就他書有同樣的史事記載方式，並不妨礙《春秋》以同樣的記載方式爲特筆，以《春秋》本身的記載形成一獨特的書法系統，而義例是否足以說明這一獨特的書法系統，則是另一個問題。義例的解釋能不能符合《春秋》經文，可能是經文的問題，也可能是義例本身的問題。因此在檢視義例能否說明《春秋》之前，可以先確定各項義例間是否有杆格之處。

陳氏也提到義例本身有相抵觸的地方，以僖元年「公出復入，不書，諱之也。」以及莊二年「夫人姜氏會齊侯于禚」說明這個看法：

> 如已曰「諱國惡禮也」。又曰「書夫人姦」，書公過。（《義例辨》，頁 124）

既然義例已說要諱國之惡，又何以陳莊公之過？兩者似乎有所矛盾，根據孔〈疏〉的說法，國內有亂，致令公出，不書公出復入，諱國亂也，國亂，國之惡事。這是諱國亂之惡，其中僖公並無過錯，並非如陳氏所言，公至他國即爲惡事（見《義例辨》，頁 591 所論），而莊二年姜氏與齊侯私通，雖爲一國之醜，然亦非莊公之過。兩者爲不相同之情事，陳氏皆以爲公過，所以產生義例自亂的說法。

　　陳氏另以孔、孟的思想證明義例之不可信，他認為《左傳》的義例若是傳《春秋》，而且《春秋》中又寓有孔子的大義，則義例所解釋的微言大義，所蘊含的思想至少應該是屬於孔門學說。而陳氏認為《左傳》的義例有許多是不合於孔孟思想的。他說：

> 《傳》例有與孟說相左者。如孟子以滅暴君為「誅一夫」，不曰「弒君」，稱「弒君」，逆也。……而傳例則不以「弒君」之名為惡，謂弒君而書君之名，厥罪在君，唯弒而稱臣之名。然後乃臣之罪。（《義例辨》，頁 126）

孟子以「弒君」這樣的說法為逆，是貶意，而滅暴君的行為不為逆，故不稱「弒君」，並讚賞這種行為是「誅一夫」。因此孟子中的「弒君」是一貶詞，然而傳例卻不以「弒君」為逆。而在義例的說明中，弒君只是純粹敘述一種行為，加上了君名或臣名，方有貶意，所以義例的說法不合孟子思想。

　　《孟子》的原文是這樣的：

> 齊宣王問曰：「湯放桀，武王伐紂，有諸？」孟子對曰：「於傳有之。」曰：「臣弒其君，可乎？」曰：「賊仁者謂之『賊』，賊義者謂之『殘』，殘賊之人謂之『一夫』。聞誅一夫紂矣，未聞弒君也。」（《孟子·梁惠王下》）

孟子並未對齊宣王提出「臣弒君可乎」的問題作正面的回應。他說明賊仁或賊義者，即使有國君之尊名，孟子仍不稱其為君。若「弒君」一詞孟子的說法為貶意，此君所指是孟子心目中行仁政的君主，或是具有國君之尊名者？據孟子「聞誅一夫紂矣」之語，顯然指的是前者。然而，義例中的「弒君」，乃指一國之君，與孟子所說「君」的所指意義不同。因此，陳氏認為義例與孟子思想不符，於此並不見得成立。

五、結　語

　　《左傳》的內容可分為兩部分，一是記事，一是義例。就傳解的方式而言，可以用兩種不同的方式傳述《春秋》，一是直接指出經文隱含的大義，如《公羊》傳《春秋》的義例、《左傳》的義例，一是對於經書中令人不易明白的記事作說明，若《左傳》的敘事。

　　《左傳》敘事的部分，是詳細敘述《春秋》經文中記錄的史實，所有的的記事都可以補充《春秋》簡略的紀綠。就此而言，無論《左傳》是誰所作，

或是著錄時的用意是否爲傳《春秋》，在實質上《左傳》在形式與內容上，是足以說明與傳述《春秋》。

《左傳》的另一部分—義例，包括說明一般史官書法之通例，以及解釋聖人的微言大義的變例書法。一如《公羊》、《穀梁》之傳述《春秋》，而陳氏以《春秋》無任何聖人大義，僅存有史官書法的角度來探討《左傳》義例，即已否定義例的存在基礎，由此來探討義例來源和所形成之解釋系統，終得義例爲附會之結論。

引用書目

1. 《新校漢書集注》，漢・班固撰、唐・顏師古注，臺北：世界書局，民國62年5月再版。
2. 《春秋讞》，宋・葉夢得，《四庫全書珍本》初集經部《春秋》類，臺北：臺灣商務印書館，民國66年。
3. 《春秋釋例》，晉・杜預，臺北：臺灣中華書局，民國69年11月臺二版。
4. 《春秋經傳集解》，晉・杜預，上海：上海古籍出版社，民國77年3月初版。
5. 《春秋左氏傳舊注疏證》，清・劉文淇，日本：中文出版社，1979年5月。
6. 《四書集注》，宋・朱熹，臺北：漢京文化事業有限公司，民國76年10月。
7. 《經解入門》，清・江藩，臺北：廣文書局，民國66年1月。
8. 《經學歷史》，清・皮錫瑞，臺北：漢京文化事業有限公司，民國72年9月。
9. 《左傳會箋》，日・竹添光鴻，臺北：天工書局，民國82年5月。
10. 《中國經學史》，日・本田成之，臺北：廣文書局，民國75年10月再版。
11. 《十三經註疏》，江西府學刊本，臺中：藍燈文化事業公司。
12. 《左氏春秋義例辨》，陳槃，臺北：中央研究院歷史語言研究所，民國82年5月二版。
13. 《春秋左傳注》，楊伯峻，臺北：洪葉文化事業有限公司，1993年5月初版。
14. 《乾坤衍》，熊十力，臺北：學生書局，民國76年2月第五次印刷。
15. 《兩漢經學今古文平議》，錢穆，臺北：東大圖書有限公司，民國72年9月臺三版。

附錄三：理解《春秋》的兩個問題——
談《左傳》的解經方式 *

摘　要

　　關於春秋學研究，歷來皆從作者、先秦以來各家的評論中、三傳傳文中進行作者意圖的探索，以期藉著這些資料得到解經的方式以及大義的可能指向。本文嘗試從讀者理解的角度對這樣的方式進行一概略的探討，說明從探索作者意圖的方式可能產生的問題，並試圖透過對《左傳》解經方式的討論尋求解讀《春秋》大義的可能研究方向。

關鍵字：《春秋》、《左傳》、解經

一、春秋學的兩個主要問題

　　五經的研究中，對《春秋》評價呈現兩極化，有斷爛朝報（王安石語）、流水賬簿（梁啓超語）之譏，亦有「非聖人孰能修之」之讚語。〔註1〕事實上，當直接面對《春秋》文本，只能看到多是一些零碎史料之羅列，令讀者難以理解，爲《春秋》受譏主要之因。若要說明《春秋》是一部聖人修作的經典，必須配合注解《春秋》經的傳文來看。

　　在三傳傳文中都指出《春秋》經過孔子修作而且隱含著特殊的意義，〔註2〕

---

* 本文發表於《蘭陽學報》第 1 期，2002 年 3 月。
〔註 1〕《左傳》在成公十四年提到：「春秋之稱，微而顯，志而晦，婉而成章，盡而不汙，懲惡而勸善。非聖人，誰能脩之？」
〔註 2〕《左傳》僖公二十八年，指出孔子解釋的書法：「是會也，晉侯召王，以諸侯見，且使王狩。仲尼曰：「以臣召君，不可以訓。故書曰『天王狩于河陽』，

對特殊意義的理解不僅需要經文，更必須藉助傳文。所以在理解《春秋》這部
經典的特殊意義時，必須將傳文視為理解文本不可或缺的一部分。因此在傳統
上，《春秋》經典總是連同關係著左右其理解的《左傳》、《公羊》、《穀梁》三部
傳文一起討論，使得理解經文的問題亦隨之複雜起來；在閱讀者的立場，不僅
要面對經文本身的晦澀難解，同時必須處理三傳解說經文相異其趣的問題。於
是在《春秋》經的研究上，一般都會處理兩個問題，一是三傳所指經文隱含有
特殊意義是否真實？其次，三部傳文詮釋經文、展現經義的效力如何？

　　除了三傳的指陳，在《孟子》、《史記》中指出孔子是經文的修作者、自漢
代延續至清代的今古文之爭，對經文意義創作者的不同意見，以至民國古史辨
以及現代學者的研究中，總是不乏對《春秋》作者的討論。從早期確定經文為
孔子修作、今文經學家認為《春秋》是孔子托古改制之作、古文經學家提出孔
子和周公皆有功於《春秋》，到現代學者提出孔子不可能修《春秋》，〔註3〕都
嘗試從對經文作者的判定上，確認其中是否存在著特殊意義。這裏隱含著一個
共識：如果確定經文是或不是孔子所作，就可以獲知經文是否隱有特殊意義。

　　由於《春秋》三傳的文本出現時間有先後之別，因此在經學史上最先被
提出的就是文本真偽問題，被討論的焦點則是《左傳》。圍繞在《左傳》真偽
上的討論，主要聚焦在《左傳》是否傳《春秋》，從漢代至今，不斷尋找《左
傳》作者，以及對此作者是不是孔子之徒或親受於孔子進行確認，同時也有
《左傳》是否為偽作的各項證據的往來辯駁。這些爭辯其實都指向一個問題：
三部傳文詮釋經文、展現經義的效力如何？今文經學家透過打壓《左傳》彰
顯並拉抬其自身崇奉的《公》、《穀》二傳的解經地位（主要是《公羊》的地
位）。這樣的方式成為評價三傳詮釋及展現經義效力的基調。

　　在往後的爭辯中，莫不以屬今文的《公》、《穀》與屬古文的《左傳》相
提並論；今文經傳文與古文經傳文有著不同的文字說解，不同的詮釋方式，

　　言非其地也，且明德也。」
　　另於成公十四年、昭公三十一年雖未直接指出孔子是作者，但歷來注家咸以傳
　　文所指「君子」即是孔子。在《公羊》中昭公十二年：「《春秋》之信史也，其
　　序則齊桓、晉文，其會則主會者為之也，其詞則丘有罪焉耳。」在《穀梁》桓
　　公二年中提到孔子先祖孔父：「孔氏父字諡也，或曰：『其不稱名，蓋為祖諱也。
　　孔子故宋也。』」以經文書法中不稱孔父名，乃出於孔子個人特殊的原因。
〔註3〕楊伯峻認為《春秋》是魯國史記，也就是「魯春秋」，孔子未曾修或作《春秋》。
　　　　如果《春秋》和孔子有關，也只是因為孔子以「魯春秋」作為教材教授弟子。
　　　　說見《春秋左傳注・前言》頁5～16。

所詮釋的經義也有相當大的差異，因此隱含在其中的各種思考、觀念也相去甚遠，於是各自形成一套詮釋系統。在這樣的情形下，評論《春秋》三傳的高下一直無法跳脫出一些總是在爭論的問題，其中尤以公羊學和左傳學之間爭端最爲激烈。〔註4〕其實二傳對經文進行解釋時，莫不以其思想趨向爲歸依，二者的爭論在問題的提出與回應上形成一種循環，此問題的答案成爲彼問題，而給出的彼問題的答案必定是在此問題的立場籠罩之下：《左傳》是以史傳經（或說傳事不傳義），以事中寓理的角度理解大義，在敘事中得以探知大義；《公羊》以義傳經（或說傳義不傳事），以借事明義的方式展現大義，而從書法中求取大義。於是對《春秋》的理解有二種不同的方式與思考趨向，二種方式與思考趨向也各成爲二傳的解經特色。兩者雖不相衝突，但也沒有太多的交集，春秋學也就變成了左傳學與公羊學。

二、關於《春秋》大義的理解

《春秋》的內容主要是魯國歷史，因而可提供理解《春秋》的參考資料範圍相當寬泛，可以包括當代所有的歷史資料，似乎只要可以提供還原至當時歷史情境的資料，都具有參考價值；這些資料有助於我們了解作者創作時的環境。根據創作時的環境設想作者賦予《春秋》的可能內容。然而，將理解著作《春秋》的情境作爲理解《春秋》的主要方法是有問題的。因爲即使透過其他的資料建構出當時的情境，我們仍不能理解作者想透過當時的歷史指出什麼意義。

或者，我們從距離《春秋》著作年代最近的評論來看，包括孟子、莊子、荀子的說法。這些資料說明孔子作《春秋》的動機及其表現方式，也指出《春秋》所指陳的某些意義。如孟子曾說：「世道衰微，邪說暴行有作，臣弒其君者有之，子弒其父者有之。孔子懼，作《春秋》。《春秋》，天子之事也。」〈滕

〔註4〕歷來學者對二傳性質、解經方式、解釋的大義內容多有比較與爭論。在性質方面（一）以《公羊》爲經，《左傳》爲史。（二）解經方式：如徐復觀以《公羊》爲以義傳經，《左傳》以史傳經（說參《兩漢思想史》卷三〈原史〉）。（三）經義的解釋趨向：《公羊》主要以大一統思想爲基礎解釋《春秋》，因而引申出與大一統相應的三統、三世、黜周王魯以及三科九旨之說；《左傳》學者則以《春秋》乃是由遵行周公舊制而開展的對當代的批判。（四）對《春秋》的成書：《公羊》學者以《春秋》爲孔子托古改制之作，《左傳》以《春秋》爲聖人「述而不作」之作。

文公下〉孔子擔憂衰世中的邪說與暴行，這些邪說暴行的具體實現就是臣子弒君父，這是引發孔子撰述《春秋》的原因。至於孔子想要達到的效果，在孟子看來孔子在透過《春秋》的褒善揚惡代行天子之權，透過這部著作對邪說暴行達到某種程度的懲治效果：「孔子成《春秋》而亂臣賊子懼。」（同前）從孟子對孔子著作動機的說明，似乎可以找出線索探求《春秋》撰述的某些原則：孔子在《春秋》執行的是天子之事。在《荀子》則提到《春秋》表現意義的方式：「《春秋》言是其微也」（〈儒效〉）。更進一步的，孟子也針對《春秋》的內容指出：「晉之《乘》，楚之《檮杌》，魯之《春秋》，一也。其事則齊桓、晉文，其文則史。孔子曰：『其義則丘竊取之矣。』」（〈離婁下〉）以《春秋》的表現方式是史，內容是諸侯之事，在意義的指陳上卻是孔子所特加的；意義已不同於作為《春秋》原始資料的「魯春秋」。在《春秋》所指陳的意義上，《莊子·天下》提到「《春秋》以道名分」，認為《春秋》指出了人倫之名分。這些說明可以說是理解《春秋》的一些指向；因為這些說明者其實和我們一樣都是《春秋》的讀者，可能只是比我們更接近《春秋》著作時的環境，有著更多理解《春秋》的輔助資料，所以我們將之視為理解《春秋》的重要參考，甚至作為理解的起點以及作為評價我們所理解到的是與非。事實上，我們所看到的不見得比這些說明少。

　　另外，若我們可以確定《春秋》是出自孔子之手，那麼我們對《春秋》意義的解讀，除了透過三傳的解釋及那些對《春秋》的評論之外，似乎還有更直接的方式：我們透過理解孔子的思想內容理解《春秋》。因為孔子的各項言論與觀念都指向某個終極關懷，既然如此，這些言論與觀念的意義應具有內在關聯、一致而不相矛盾。最能代表孔子思想的就是《論語》，雖然其中沒有提到《春秋》，但它既是孔子的言論，那麼就可以成為我們理解孔子思想的參考。亦即透過《論語》來理解孔子，藉著理解孔子來理解《春秋》以及評判三傳之是非高下。

　　《論語》記錄的孔子言行，在某種程度上的確可以幫助我們了解孔子的世界；它指出的這個世界呈現了孔子的價值評判與思考，而這些評判與思考的主要對象就是當代社會。然而事實上，我們理解《論語》中的孔子思想，仍無法證明《論語》中的思想與《春秋》是具有相同意義的；或者說《春秋》或者具有著包括《論語》以及超越其上的思想，〔註5〕不僅是《論語》中所指

〔註 5〕在《論語》中最常被人拿來與《春秋》相比擬的就是「正名」思想。《論語·

陳的。更何況並沒有直接證據指出《春秋》的作者就是孔子。

《春秋》之爲六經奧典之一，其價值與意義絕不是建立在作者的地位上，而是它向我們說明、指出了些什麼。這個命題則關聯到經的價值與意義對後世而言是什麼，以及經呈顯價值與意義的方式——這關係著我們理解它的途徑。

經學家對六經及其傳注的解釋，其目的在於解釋、闡釋六經所指陳的義理，這些義理的內容主要意義則在於經綸治世之道。章誠指出周公是三代以來之集大成者，所謂的六經其實是周公政典，內容是行事之實，即記錄三代以來曾發生過的事實，其中經綸天下之道可爲後世取法；這是六經之爲經的主要意義。〔註6〕六經的內容其實是歷史事件，乃本著不離事以言理的原則指陳經世之道，亦即經在根本上就具備史的性質。換言之，歷史是呈現古聖先王經世之道的處所，史學似乎含括了經世之法，章氏似將史納入經的意義當中。

皮錫瑞以《詩》、《書》、《禮》、《樂》、《易》、《春秋》是因爲孔子的賦予意義方成爲經，在此之前它們只是歷史資料。這些歷史資料本身並未包含所謂的經世之道，史只是呈現經世之法的資具，必須透過某些意義的賦予方具有經的性質。於是經的主要意義在於這些經世之法，而排除了史的性質。〔註7〕

在經的形成上，徐復觀較傾向章氏之說，指出六經集古代文化之大成，乃歷史發展的結果，但在經的性質上則與皮氏之說相類，以經在成立之初是以獲取「由義理而來的教誡」爲編纂目的。雖然經的內容同時也是歷史中的重要資料，但這只是附次的作用。這表示經的主要意義在於其中的義理，若有涉及史，在這裏只是就歷史材料而言。〔註8〕

子路》篇中子路問孔子若至衛國的首要政務爲何？孔子回答必先「正名」，並說明正名的理由：「名不正則言不順，言不順則事不成，事不成則禮樂不興，禮樂不興則刑罰不中，刑罰不中則民無所措手足。」由此得見孔子認爲欲成就各項政治措施，「正名」是得其根本的方式。而《莊子‧天下》中稱述「《春秋》以道名分」，或以爲《春秋》的褒貶是延續孔子的正名思想而來。

〔註6〕 在《文史通義》〈經解〉上、中、下裏，章氏討論了經學的形成與經的性質，他認爲「六經初不爲尊稱，義取經綸世法耳，六藝皆周公之政典，故立爲經。」（頁110）所以他認爲經的主要意義在於經綸政治。他又強調說若是孔子之言則爲經，《論語》更應是經，然不屬於經乃在於其非政典。

〔註7〕 皮氏於《經學歷史》中說：「讀孔子所作之經，當知孔子作六經之旨，孔子有帝之德而無帝王之位，晚年知道不行退而刪定六經，以教萬世。其微言大義可爲萬世之準則。」（頁26）

〔註8〕 徐氏認爲：「《詩》《書》的成立，其目的在由義理而來的教戒，並不在後世之所謂史」，更指出「章實齋六經皆史之說，歪曲了經以爲經的基本意義：把經

　　以上三家對經的意義與史的關聯各有不同說法，由此所開展的對於經義的理解方式亦隨之不同。《春秋》在表達方式上是史，其義是另外賦予的，理解《春秋》之特殊在這些說法中更顯突出。它以時間鋪排歷史事實作為陳述的主要方式，具有史的形式和特性，但是否具有史的意義？在這當中，史的意義是什麼？這樣的呈現方式如何為人所理解？其中所展現的經的意義究竟如何？與史的關聯又是如何？這就必須透過傳文來考察這些問題，而三傳中最能展現經史之間的問題莫過於《左傳》。

三、《左傳》的解經方式

　　在《左傳》中有二種明顯說明經文的方式。一是敘事歷史，是針對經文所載及事件的詳述，有時在陳述當中亦附有對事件的各種評論。藉由事件本末的陳述以及人物的評論得失，探知事件的意義，亦隨之呈顯了經文的某些意義。一是《春秋》書法的說明，當歷史事件形諸為書面語言時，經文使用一些特別詞語來表達，對事件解釋便被限定在此詞語的指涉當中，傳文就是說明這些指涉的內容。在指出內容的同時，即是對歷史事件指出了一個思考的面向，甚至做出了某種評價。基本上，這些面向和評價就指出了經文的某些意義。

（一）敘　事

　　敘事歷史的表達方式是《左傳》特色，而經與史是一種後設的分別，所以傳文具有史的表達手法不足為奇，雖然它同時發揮了記實的歷史作用，而理解的重心仍在於傳文解釋的經義而不是歷史敘述。讀者經由單一的歷史事件理解經義，也透過統緒諸多歷史事件的指向理解經義；兩者所理解的經義可以和事件本身具有的歷史意義是同一的。然而面對同一歷史事件的陳述，必有基於不同立場下的各種解釋，於是透過傳文中的評論之語表現解釋歷史事件的視域，使讀者在理解歷史事件時，可以參考或選擇評論語的視域。因此敘事中的評論語可以說是一種引導閱讀的設計，是讓讀者進入《左傳》的視域，再進入歷史事件，然後達到對經文意義的理解。雖然讀者是透過傳文的敘事與評論進入經文所擇取的歷史事件中進行理解，但是傳文以敘事方式解經的部分，經文並沒有產生作用，因為理解的對象是敘事的歷史和評論語。〔註9〕

　　　　的副次作用，代替了主要作用。」說參見其《中國經學史的基礎》頁2～3。
〔註9〕就如在成公七年吳國伐郯，吳在當時是蠻夷，竟侵伐至郯，使得魯臣季文子憂之曰：「中國不」振旅，蠻夷入伐，而莫之或恤。無弔者也夫！《詩》曰，『不

　　那麼敘事的解經方式是如何發生的呢？這樣的想法是由董仲舒、司馬遷而來，《史記》中提及孔子自述的一段話：「我欲載之空言，不如見諸行事之深切著明也。」〔註10〕《史記‧太史公自序》「空言」爲概念式說明，而「行事」是言行的指陳，是兩種不同表現思想的方法。前者抽象易淪爲空洞，不如後者深刻、具體而且顯著易曉，這就是《春秋》採用敘事紀實作爲表現方式的原因。在這樣的考慮下，後世評價《左傳》記事詳實，較之《公》、《穀》二傳更能符合這項表現要求。

　　徐復觀針對《左傳》記實的這項特色，以之爲「以史傳經」的解經方式，認爲這樣的方式是透過眞實的歷史表現具體的教訓，展現某些價值觀。就如魯僖公二十二年宋公及楚人戰於泓一事，傳文除了諸事始末的敘述，即繼之以「君未知戰」的一段話，徐氏認爲其中敘事的作用就是讓眞實的歷史自己說話，這樣的做法是將歷史事實放在第一位，傳文亦引述根據事實而來的評論，而不是像《公》、《穀》二傳是根據某些理念而來的評斷。徐氏更說明以史傳經的重大意義超出傳經本身的價值，因爲「傳經是闡述孔子一人之言；而著史則是闡發了二百四十二年的我們民族的集體生命，以構成我們整體文化旳一段生動而具體的形相，這是出自傳經，而決非傳經所能概括的意義。」因此，徐氏特別注意到《左傳》在敘事上的表現，的確是史學上的重大成就。〔註11〕這也是歷來學者皆以《左》氏之史學意義與價值大於經學甚至將之歸爲史學的原因，然而在此觀點下，《左》氏傳經卻變成第二義。

　　讓讀者透過歷史理解某些意義，這本來就是《春秋》這部經典的特色，現

弔昊天，亂靡有定』，其此之謂乎！有上不弔，其誰不受亂？吾亡無日矣。」（《春秋左傳注》下冊，頁832～833。）認爲蠻夷進攻，而中原沒有憂恤之人，是因爲沒有善君的緣故，這情形有如《詩》中所說上天不仁，那麼禍亂就不會安定。季文子憂心中原的政局而發此語。其後《傳》文引以「君子曰」：「知懼如是，斯不亡矣。」也就是認爲國中像季文子有這樣戒愼恐懼的思慮，是不會滅亡的。這裏的評論之語分兩個層面，季文子之語反省吳國伐郯之事，「君子曰」則引導讀者思考吳國伐郯以及魯臣之思所給予之反省。

〔註10〕這樣的說法也出現在《春秋繁露‧俞序》中董仲舒說。《史記‧考證》以馬遷此言引自董生。

〔註11〕徐復觀認爲：以史傳經，則是讓歷史自己講話，並把孔子在歷史中所抽出的經驗教訓，還原到具體的歷史中，讓人知道孔子所講的根據，……其所表現之價值觀念，乃反映出生活在具體歷史中的價值觀念；少突出的精采，亦無誕妄的災禍。參見《中國經學史的基礎》頁2、《漢代思想史》卷3，頁271～275。

在要面對的問題是，在敘事角度的實際閱讀過程中，傳文的價值超出了經文。也就是解釋者表現的詮釋方式與內容的價值超越了文本，這造成《春秋》經文僅具形式意義；在具有深刻的史學意義與價值對照之下，《左傳》傳經的意義與價值亦如徐氏所言不必刻意強調。當然我們也可以將傳文史學上的價值與意義歸之於經，原因是經與史本後世的區別，而經其實已是將史的意義包括在內。但是當我們言及《左傳》的敘事，事實上其價值完全展現在其本身所具的史學意義，而不是在解經上。那麼傳文與經文相依之必要性如何彰顯呢？

（二）義　例

《春秋》所呈現的世界是經過轉化的世界；它是經過設計的文本，不是一段歷史的見證，而是別具特殊意義的世界。最特別的是讀者的理解是在某些設計下進行，主要透過書法、義例引導，置身於《春秋》的世界。

義例就是說明經文書法，甚至是直接揭示經義的傳文。書法是經文在不同的事件中藉由相同的語詞表現相當的評價，傳文以透過解釋語詞約束語詞的多義性，並指示理解的方向。這樣解釋的經義是明確而一致的，不會因為讀者理解背景的差異而變成語詞解釋上的歧義，而由這樣的歧義造成理解經義上的問題。經文在以這種方式的解釋時有著很大的對照作用，它的簡略讓人很容易對照出語詞使用上的同異。雖然傳文文詳事繁，後世解釋《春秋》意旨幾乎完全以傳文為主，經文僅具形式上的意義，然而經文以事繫日，以日繫月，以月繫時，以時繫年，依年序次的表達其實是具有提綱的意義；根據提綱，尋繹傳文。這兩項特點展現出經傳相輔，相互發明之必要；而以前者尤顯經傳合一，甚至在理解的過程中有需要將經傳視為同一文本。

傳文的義例可以廣泛地包括解釋書法之前的敘事之文，也可以狹義地說是標註凡例書法的部分。隱元年經文未書隱公「即位」二字，傳文簡單地說「不書即位，攝也」，在這之前亦敘述一段史實說明為攝之由。〔註12〕對經文書法的解釋實際上應包括敘事部分和標註書法部分。透過敘事之文得知不書即位的原因始末，標舉的書法則引導讀者特別注意經文不書即位及其意義，二者構成一意義的整體；缺少那一部分都足以影響對經文的理解。

由於需要透過理解傳文來理解經文，我們所理解的《春秋》經文當中其

〔註12〕在「不書即位，攝也」之前，傳文的說明是：「惠公元妃孟子。孟子卒，繼室以聲子，生隱公。宋武公生仲子。仲子生而有文在其手，曰為魯夫人，故仲子歸于我。生桓公而惠公薨，以隱公立而奉之。」

實包括對傳文的理解，換言之，對傳文的理解總是影響著我們對經文的理解，尤其是在解釋書法的時候。因為書法直接表現著《春秋》的評斷，在這些評斷中得見其意義。在隱元年「不書即位」這條書法中，《公》、《穀》二傳則各有不同解讀，而且相較於《左傳》，二者對此書法有著更多、更深入的解釋，也因為這些解釋都有明確的指向，似乎我們可以藉著這些解釋確實掌握《春秋》之義：《公羊》以桓公因母而尊得以成為正統繼承者，隱公自知位卑而讓予桓，是以尊卑之序為原則的評斷。《穀梁》指出隱公輕千乘之國而未蹈道，給予隱公負面評價則是根據「《春秋》貴義不貴惠」的原則。在它們明確而有富有評價的解釋中，我們隨著這些解釋進入二傳所理解的《春秋》，因而使得我們所理解的經義也就二傳的解釋當中。雖然透過二傳的解釋使我們對經義有著更多的掌握，但同時也表示我們也置身在二傳對《春秋》的理解當中，甚至囿於其中，理解這樣的經義似乎不表示我們理解了《春秋》。

反觀《左傳》只是簡單地指出書法所在及其原因，並將展現此書法的事件呈現在我們眼前，而此事件其實是對《春秋》所提及的事件作更詳細的敘述，少有特殊指向的表達，因而使我們總是置身於《春秋》所經營的內容當中進行理解。所以我們的理解主要對象仍是經文，傳文在理解的過程中只是不可或缺的引導。因此《左傳》對書法的說明，使我們不致總是在傳文的籠罩之下理解經義，而對經義的理解也不是侷限在傳文的說明當中。

四、結語：理解《春秋》大義的價值

當我們將理解《春秋》意義的重心置於傳文，尤其在面對《左傳》的解經時，由於其史學上傑出表現使得我們很容易將理解的焦點集中在史學意義的展現上。然而即使《左傳》在史學方面別具重大意義，我們仍不能忽視對《春秋》經而言，傳文主要意義在於協助經文理解之進行。

傳文的敘事部分是理解書法的基礎，成為理解《春秋》時的背景說明；協助讀者理解經文視域，也就是進入經文世界的準備，而書法是理解過程中的導引，透過這些導引進行經義的理解。

進行對《春秋》理解其實就是推知過去的生活以及對彼時歷史的批判，這不僅是歷史的理解，而且是當《春秋》選擇以歷史作為主要表達方式的同時即具有歷史教誡的作用，就是教誡的功能使得我們與彼時產生關係。

更重要的是，當我們進行對經文的理解時也就是參與一種意義的創造。

《春秋》書法其實是爲讀者指出一個理解當時歷史的方向，由傳文義例引導我們去看到這個理解方向，並解釋我們的理解需要行往這個方向的理由。當我們理解傳文的解釋，進入《春秋》書法的指向，也就是重新喚起存在《春秋》當中的意義時，傳文一直引領著我們本身的思想與書法的指向進行融合。我們也可以說，當傳文指出《春秋》「非聖人孰能修之」時，其實是將《春秋》置於一普遍永恆的意義之中，而在《左傳》的解釋與說明中，方能展現《春秋》普遍意義之所在。

引用書目

1. 《春秋繁露》，漢・董仲舒，北京：中華書局，1992 年。
2. 《新校本史記三家注并附編二種》，漢・司馬遷撰、楊家駱主編，臺北：鼎文書局，1987 年。
3. 《十三經註疏》，江西府學刊本，臺中：藍燈文化事業公司，出版年月不詳。
4. 《荀子集解》，清・王先謙，臺北：藝文印書館，1988 年。
5. 《文史通義校注》，清・章學誠撰、葉瑛校注，臺北：里仁書局，1984 年。
6. 《讀左補義》，清・姜炳璋，臺北：文海出版社，1986 年。
7. 《經學通論》，清・皮錫瑞，臺北：臺灣商務印書館，1989 年。
8. 《經學歷史》，清・皮錫瑞撰、周予同注釋，臺北：漢京文化事業有限公司，1983 年。
9. 《春秋左傳注》，楊伯峻，臺北：洪葉文化，1993 年。
10. 《孟子譯注》，楊伯峻，臺北：漢京出版社，1987 年。
11. 《春秋左傳學史稿》，沈玉成、劉寧，江蘇古籍出版社，1992 年。
12. 《春秋史論集》，張以仁，臺北：聯經出版社，1993 年。
13. 《中國經學史的基礎》，徐復觀，臺北：學生書局，1980 年。
14. 《漢代思想史》，徐復觀，臺北：學生書局，1979 年。
15. 《當代文學理論》，Terry Eagleton 撰，鍾嘉文譯，臺北：南方出版社，1991 年。
16. 《詮釋學》，Richard E. Palmer 撰，嚴平譯，臺北：桂冠圖書公司，1992 年。
17. 《走向語言之途》，Martin Heidegger 撰，孫周興譯，臺北：時報文化出版，，1993 年。
18. 《眞理與方法》，Hans-Georg Gademer 撰，洪漢鼎譯，臺北：時報文化出版，1993 年。

附錄四：漢代中期經學的轉變——劉歆春秋學探略 [*]

摘　要

　　本文梳理劉歆春秋學的思想淵源與治經方法，觀察其於董仲舒春秋學的繼承、發展及其變革，藉以明其創新學術，走出章句學限制，所促成的經學轉向。首先說明劉歆學術淵源，明其出於郎官系統，與博士系統適成漢代經學發展之兩線。其次說明在繼承與發展方面，一從思想觀念，明其繼承董氏天人感應思想、禮制質文思想，及援經議政的特質；二從董仲舒論比事屬辭的治經方法，探究劉歆條例說之淵源。復次，在變革方面，分析劉歆得自內廷傳記文獻，引傳以解經，上承先秦，下開東漢徵實之風。說明劉歆春秋學，上有所承，後有所啓，爲漢代經學帶來的新方法與新資源，而爲漢代經學轉向之關鍵環節。

關鍵詞：劉歆、董仲舒、春秋學、條例、引傳解經

一、引　言

　　漢代儒學在董仲舒（176～104 B.C.）主導下，建構以公羊春秋學爲中心的學術思想體系，成爲當代顯學。與公羊學同時流傳在秦漢之際的左傳學，直到西漢末，劉歆（50？B.C.～23）移書太常之議，始成各方議論焦點。西漢

---

[*] 本文登刊於《蘭陽學報》第 7 期，2008 年 9 月。

到東漢間，王莽重用劉歆，使其得以伸張其學術主張，這一段時期也成爲漢代經學轉向的契機。

漢代今古文之爭起於劉歆之時，在鄭玄（127～200）與何休（129～182）時最烈。世人皆見《公羊》、《左傳》之差異，由此明析二傳之學思想主張與解經方式的不同。然而漢代無論是今文學或是古文學，實皆推孔子爲素王，以《春秋》爲素王改制之法，主張以義例爲釋經的主要方法。〔註1〕這樣的治經主張，首先在董仲舒春秋學中被強調，繼而劉歆引傳解經，賈逵、服虔之春秋左傳學，也在同樣的主張脈絡下發展，實爲二傳之共識。這樣的共識，使漢代二傳之學，釋經有相通之處。然而二傳之學在尊奉典籍不同的情況下，如何形成共識？當中的承沿與轉折如何？值得進一步推究。

《漢書》記錄東漢左傳學傳授譜系，始自賈護、劉歆。〔註2〕尤其是劉歆，不僅推揚《左傳》，並且爲漢代發展春秋左傳學的關鍵人物。其春秋學雖不傳，觀點仍可透過傳記文獻，得窺一二。本文透過推尋劉歆之學術淵源、春秋學的思想內涵與釋經主張，與董仲舒春秋學進行比較、探究，推明漢代左傳學與公羊學會通之特點，藉以掌握漢代春秋左傳學的發展脈絡，以明西漢、東漢經學之轉折。

二、「郎官」新學與漢代中期經學轉變

經學在漢代中期產生重大轉變。西漢學術以立於學官的博士學系統爲主流，傳授譜系清晰可知。然而外於學官的學術論述，經過劉向（77～6 B.C.）、

〔註1〕見《春秋正義·春秋序》引賈逵說：「孔子覽史記，就是非之說，立素王之法。」是古文家亦同意素王說之證。董仲舒總論孔子作《春秋》的價值「孔子作《春秋》，先正王而繫萬事，見素王之文焉。繇此觀之，帝王之條貫同，然而勞逸異者，所遇之時異也。」（《新校本漢書并附編二種》，〔漢〕班固、楊家駱主編，臺北：鼎文出版社，1986年，卷56，〈董仲舒傳〉第26，頁2509。）代表今文學在素王改制說上的立場。可見無論今古文經學，都是認同素王改制說的。其次，關於以條例說經。古文學者，見《後漢書·鄭興傳》記有「歆美興才，使撰條例、章句、傳詁。」（同前，卷36，第26，頁1217。）其子鄭眾則「從父受《左氏春秋》，精力於學，明《三統曆》，作《春秋難記條例》。」（同前，頁1224。）賈逵父賈徽，「從劉歆受《左氏春秋》，兼習《國語》、《周官》，……作《左氏條例》二十一篇。」（同前，頁1234。）今文學者，何休作《春秋公羊傳條例》及《春秋公羊諡例》，而後書的重點其實也在解釋《公羊》的義例。可知以例說經，今古文經學者皆以爲是主要的釋經之法。

〔註2〕參見《新校本漢書并附編二種》卷88，〈儒林傳〉第58，頁3620。

歆父子的辨彰考鏡與推揚闡述，成爲漢代經學的新資源。尤其是劉歆倡議新學，推闡古文經學，衝擊著穩定於章句師說的博士學經說系統，使得經學發展到東漢，有著不同於西漢的新氣象。

推闡古文經新學的過程產生許多爭議，由初期圍繞在新學可否立學官，到東漢末何休、鄭玄純屬學術上的爭論，顯示東漢學術與政治漸有分離的現象。新學學術論述的正式出現，相對立於學官的經說，不僅是經義解釋的不同，還有著文字上的諸多差異，使得原本已眾說紛云、鑽深瑣碎的章句之學，更形複雜。立於學官的經說遂失去權威性。統一經義，正定五經文字的要求，時有所聞。〔註3〕凡此，使得東漢富有「廣學」的朝氣，學術格局爲之擴張，不同於西漢學術固守師說家法。這些必須歸功於劉向歆父子發宮中祕府之所藏，所挹注的新學術資源。

事實上，漢代朝廷藏書的工作在漢興之際就已經開始，〔註4〕漢武帝時使建藏書之策、置書寫之官，有了國家和皇家，即外廷和內廷兩類圖書館的建立，制定書籍的徵求、繕寫、收藏等制度。〔註5〕劉向歆父子所校即爲內廷皇家圖書；劉向統稱內廷的書爲「中書」、「中祕書」，當時參與校書的同僚們，大多數爲郎官系統官僚，或具郎官學術背景。〔註6〕出身郎官系統的劉向父子整理百家學術，有其職務上之必要。郎官系統是近侍皇帝的官僚系統，多至千人，由公卿大臣家中的少年子弟擔任，主要是警衛與服侍天子生活起居。漢代官方的經學教育，不僅存在於博士與其弟子間，還存在於經師與郎官、

〔註3〕 在漢光武帝時，薛漢受詔校定圖讖；明帝時，樊儵以讖記正五經異說；章帝時，賈逵奉詔撰《歐陽尚書》、《大小夏侯尚書》與古文《尚書》異同，及《齊》《魯》《韓》《毛》同異，並校三家《春秋》經文異同；漢和帝則以五經義異，書傳意殊，又命逵修理舊文；至安帝時，以經傳文字多不正定，於是整齊脫誤，正其文字；順帝時則詔伏無忌與黃景校定中書五經；桓帝時，崔寔與諸儒博士共雜五經。特別是在漢靈帝時，蔡邕以「經籍去聖久遠，文字多謬，俗儒穿鑿，疑誤後學。」（《後漢書・蔡邕傳》）進刻石經之策，可知東漢時有校理經典及其文字的要求。參考黃彰健〈論漢石經〉，《經今古文問題新論》（臺北：中央研究院歷史語言研究所，1992）。

〔註4〕 當漢高祖入咸陽，蕭何「獨先入收秦丞相、御史律令圖書藏之。」（〔漢〕司馬遷撰、楊家駱主編：《新校本史記三家注并附編二種》，臺北：鼎文出版社，1979年，卷53，〈蕭相國世家〉第23，頁2014）。

〔註5〕 根據師古注引如淳曰：「劉歆《七略》：『外則有太常、太史、博士之藏；內則有延閣、廣內、祕室之府。』」《新校本漢書并附編二種》卷30，〈藝文志〉第10，頁1702。

〔註6〕 說參徐興元：《劉向評傳》，頁189～199。（南京：南京大學出版社，2005）。

帝王、皇子與后妃之間。有如王充指出：「孝成皇帝讀百篇《尚書》，博士、郎吏莫能曉知，徵天下能爲《尚書》者。」〔註7〕可知漢代經學系統其實包括博士系統與郎官系統。至如《穀梁》之立學官，乃宣帝在民間找到經師後，尚無法讓博士系統中的弟子們研習，因而先使郎官系統傳授研習達十餘年，待與博士辯論成功後，再移植到博士系統中。梁丘《易》亦如此。身爲皇族的劉向歆父子皆在此系統之中，故得以司掌圖書及校書之職；劉向詔受《穀梁》，劉歆轉習《左傳》，皆因其職司之故。〔註8〕

　　劉向歆父子長期處於內廷郎官系統中，不受獨尊儒術的文化政策影響，主持長達二十多年的校書事業。他們的校書工作遠遠超過了對書籍本身進行整理的技術過程，而具有「辨彰學術，考鏡源流」高度的學術意義與價值。由於他們的豐富的校書經驗與龐大的圖書資源，使得他們的學術視域不會囿限於當時流行家法師說，有「廣學」的主張。廣學的具體主張，可見於劉歆的〈讓太常博士書〉，爲對博士學系統拒絕郎官異說而發的詰難。

　　綏和二年（西元前7年）四月，哀帝即位，劉歆得到大司馬王莽（45 B.C.～23）的薦舉，得以趨近政治中樞。於是劉歆藉此機會，希望能將在孔壁中發現的《逸禮》、《古文尚書》及秘府中所見的《左氏春秋》立爲學官。書中，他先說明當代經書殘缺，以其所見皇室藏書，經書不全；經書必須集結眾儒，相合而成，集而讀之，《雅》、《頌》、《泰誓》之成書便是如此。〔註9〕之後，文分三層談議立新學緣由。他首先提出新學的來源，當魯恭王壞孔子宅，得古文《逸禮》與《書》於壁中。另有藏於祕府的左氏丘明所修《春秋》。爲驗證這些經書傳記，劉歆並「傳問民間，則有魯國（桓）公、趙國貫公、膠東庸生之遺學與此同。」因此，這些新的學術資源，乃是「皆有徵驗，外內相應」者，不僅於內廷中有收藏，在民間學術中也有傳授，是經過考察的可信資料。其次，在倡論古學的同時，劉歆也不諱言的指出當時主流學術缺失，除了章句之學的分文析字，煩言碎辭之外，還指其「因陋就寡」，不顧當時經學是建立在殘缺文本上，博士們竟「不思廢絕之闕」、「信口說而背傳記」，不參考傳記之載錄，將經學導入家法師說之纏訟。繼而劉歆語氣強烈的指出，時學乃「是末師而非往古」，爲師法末流，而非眞實循古，並指出博士遇國家

〔註7〕氏撰：〈佚文〉第61，《論衡校釋》（北京：中華書局，1990年），頁861。

〔註8〕同註6，頁95、233～255。

〔註9〕《新校本漢書并附編二種》卷36，〈楚元王傳〉第6，頁1968。下引同。

禮制大事，如立辟雍封禪巡狩之儀時，亦幽冥而莫知其原，完全失去了稽考古制的學術與政治功能。最後，劉歆舉往者「博士《書》有歐陽，《春秋》公羊，《易》則施、孟，然孝宣皇帝猶復廣立《穀梁春秋》、《梁丘易》，《大小夏候尚書》，義雖相反，猶並置之。」以明廣學立術的本衷。

　　劉歆雖然立意良美，然而言語過激，遭到博士強烈反對。師丹以其「改亂舊章，非毀先帝所立」。〔註10〕公孫祿又以其「顛倒五經，毀師法，令學士迷惑。」〔註11〕劉歆所議雖然不被支持，卻開啓了東漢經學異於西漢的不同走向。〔註12〕

　　劉歆在〈移讓太常博士書〉中，推闡古文經學，在經學觀念與治經方法上，尤顯著於春秋左傳學。因此，劉歆對西漢學術的繼承與變革，可由其春秋學進一步探知。

三、劉歆對董仲舒春秋學的繼承與發展

　　董仲舒開創的儒學思潮，造成中國學術走向的一大轉折，所開展的春秋學，成爲後世治學的基本觀念。劉歆接收的知識資源，來自內廷圖書與外廷博士學，有著豐富的學術內涵，雖然如此，其春秋學同樣的走在董仲舒春秋學的脈絡上，而有所發展，可分爲兩方面來看：一、從思想觀念上，董仲舒透過春秋學，開展天人感應與禮制質文思想，作爲政治改制的理論基礎，形成「奉天法古」的思想理念。劉歆在學術思想上的興趣，也朝著這個面向進行，繼承董仲舒學說，不僅完備漢代天人哲學思想之建構，而且接續其援經以議政的治學取向。二，在解經方法上，劉歆發展董仲舒的治經理論，形成以條例釋經的解經方式。以下試究其理。

（一）天人感應思想

　　今所遺劉歆談論春秋學的資料很少，在《左傳正義》中，多是劉、賈、許、穎並稱，合以東漢其他學者的意見，很難視爲是劉歆個人的意見。尤其

〔註10〕同前，頁 1972。
〔註11〕《新校本漢書并附編二種》卷 99，〈王莽傳〉第 69，頁 4170。
〔註12〕黃彰健指出，東漢鄭玄、荀爽治《費氏易》時，不依費氏家法，而採取《左氏》、《國語》，與劉歆之提倡新學時，注重「往古」與「傳記」有關。(〈論漢哀帝時劉歆之建議立古文經學〉，收入《經今古文問題新論》) 顯見劉歆對五經與治經的看法，與當時的博士有所不同，而對東漢經學有深遠的影響。

是劉歆的春秋觀，並無完整的論述文獻。然而就其父劉向所編撰的《說苑》與《列女傳》中，可以看到劉向承董仲舒學的痕跡。因此透過劉向的相關論述，或得以窺見董仲舒－劉向－劉歆在學術上的沿承軌跡，由此照見劉歆春秋學的思想取向與主張。〔註13〕

在《說苑・奉使》開篇，劉向寫了一則總論性的文章，解釋《春秋》之辭，有其深意者，引用董仲舒之言謂「《詩》無達詁，《易》無通吉，《春秋》無通義」〔註14〕的觀點。另外，在《說苑》及《新序》中，引用春秋時代故事的，多出於《左傳》。不出「春秋」或「傳」之名，而書中稱《春秋》者，多用《公羊》或《穀梁》之義，以及董仲舒之說，〔註15〕可見劉向說義有承董仲舒者。至於劉歆談論《春秋》的記載，可以在《漢書・五行志》尋其歸向。

在《漢書・五行志》中，論事十有八、九都引劉向之說，引劉歆者亦有七十餘條。〈五行志〉的論述基礎來自《洪範》。《洪範》是《尚書》中一篇非常重要的歷史文獻，其天人感應、天授君權的哲理思想，在漢代發生了巨大的作用，成為中國古代社會王朝的統治準則和行政準則。班固（32～92）在〈五行志〉中明其著述淵源：「漢興，承秦滅學之後，景、武之世，董仲舒治《公羊春秋》，始推陰陽，為儒者宗。宣、元之後，劉向治《穀梁春秋》，數其禍福，傳以《洪範》，與仲舒錯。至向子歆治《左氏傳》，其《春秋》意亦已乖矣；言《五行傳》，又頗不同。……訖於王莽，舉十二世，以傳《春秋》，著於篇。」〔註16〕首明〈五行志〉的論述核心在《春秋》。何以如此？根據《洪範》的思想，災異多來自天的示警，為天人感應的具體表現。《春秋》多言災異，使得漢時災異得以據《春秋》之義作說解。〈五行志〉在〈藝文志〉中篇幅最巨，以《洪範》五行（木火土金水）、五事（貌言視聽思）以及日食、流星、孛星和隕石等異象，分類詳述漢時災異之事，引《春秋》之事相比附，而以《春秋》之義作為思想根據。〔註17〕

〔註13〕見劉向編撰的《說苑》與《列女傳》多徵引《左傳》事文。知劉向雖素習《穀梁》，然亦熟習《左傳》，當兼修二傳。可知劉向歆父子所宗《春秋》傳文不同，但是基本的知識資源是一樣的。

〔註14〕按：董文原作「通辭」。

〔註15〕參徐復觀《兩漢思想史》（臺北：臺灣學生書局，1976年）卷三，頁79～84。

〔註16〕《新校本漢書并附編二種》，〈五行志〉第7上，頁1317。

〔註17〕例如，班固引《左傳》昭七年文來說明日食與人世的關聯，認為日食之占循變復，在於「國無政，不用善，則自取適于日月之災。故政不可不慎也，務三而已：一曰擇人，二曰因民，三曰從時。」有為統治者誡慎之深意。（〈五

　　早在董仲舒，即以五行五事論政，透過結合《春秋》與天道，將五經俱化為天道系統中的思想基礎，而由夏侯始昌《洪範五行傳》、京房《易》、翼奉《詩》所推展，形成漢代經學的新傳統。〔註18〕班固引董仲舒、劉向及劉歆之言說明《春秋》之義，雖然指出劉向「與仲舒異」，而劉歆治《左氏傳》，「其《春秋》亦已乖矣」，三人似差異甚大。然據〈五行志〉載，董仲舒與劉說有相同者，十有三、四，可見劉向說義猶有承於董仲舒者。再者，雖然劉歆據《左》立言，說異於二人，同於董仲舒者甚至只有一條，〔註19〕但是從整體的治學趨向來看，董仲舒、劉向歆父子以天人感應說解釋《春秋》災異的立場仍是一致的。〔註20〕

　　其次，從曆法來看。漢儒以天人思想為基調，進行曆法建構，見班固指出：「至孝成世，劉向總六曆，列是非，作《五紀論》。向子歆究其微眇，作《三統曆》及《譜》以說《春秋》，推法密要，故述焉。」〔註21〕推崇劉向、歆父子的曆法貢獻，並以此說《春秋》價值。徐復觀指出，劉向歆父子的貢獻，在於完成儒家經典體系與天道配合的思想建構，〔註22〕並說明劉歆《三統曆》的卓越貢獻有二：一、將易學、春秋學、《尚書》中的五行三正等傳統經典觀念融為一體。二、劉歆撰作《三統曆》是在《太初曆》的基礎上，以說《春秋》為歸向，意圖將董仲舒春秋學中的「三統論」確定為曆法天學的形而上學，從而成為推測儒學天道的根據。〔註23〕凡此，皆接踵董仲舒天人、五行哲學思想，以天人感應思想作為釋《春秋》的張本。

　　當董仲舒沿承先秦的五行災異思想，一方面以天人感應說為底蘊，演繹春秋學，建立《公羊傳》釋經的義理架構，作為開展政治思想的理論基礎。

　　　　行志〉第7下，頁1393、1394。）

〔註18〕此徐復觀有辨，說參《中國經學史的基礎》（臺北：臺灣學生書局，1982年），
　　　　頁218。

〔註19〕據〈五行志〉第7，引劉向述《春秋》義者約百條，其中有約四十條同於董仲
　　　　舒。劉歆從董說者只一見，於莊公（〈五行志〉避諱作嚴公）29年事，頁1431。

〔註20〕在《春秋繁露‧二端》及《賢良對策三》中可以看到董仲舒對災異的意見。
　　　　他對《春秋》記災異有如下看法：「孔子作《春秋》，上揆之天道，下質諸人
　　　　情，參之於古，考之於今。故邦家之過，兼災異之變，以此見人之所為，其
　　　　美惡之極，乃與天地流通而往來相應，此亦言天之一端也。」（《賢良對策三》）
　　　　以災異釋《春秋》。

〔註21〕《新校本漢書并附編二種》，〈律曆志〉第1上，頁979。

〔註22〕同註15。頁249、293。

〔註23〕同前。頁326～349。

一方面透過春秋學的義理架構，作為當代議禮、決獄的理論依據。綜合二者，以經術緣飾吏治，遂成為漢代經學基本性格。同樣的，劉歆學術思想乃為政治思想、禮制改革的主要根據。

如論具體的禮制改革，劉歆指責博士無法應對國家禮制大事，失去考察古制的學術與政治能力。事實上，漢代幾次國家立廟與郊祀大典上，博士都曾提出具體意見，卻無法有效處理周秦古制與漢室以親、尊制禮之間的失衡。使得自元帝始，皇室立廟之事經過十七年的爭議，又大致回復到廟議之前的狀態。〔註24〕蓋因當時五經文獻殘缺，博士又專守一經，所以無法論具古禮源流，考其所本。而且博士論禮傾向復於周制，但是典據不足，無法對禮制有充分而深入的討論，卻又欲以古禮為立論根據，求表面上相合於古禮，實未相應古禮之立制精神，造成博士無法統整國家大典做有理有序的論述。因此，在不明周秦制法與漢家不同，強以復古作為改造的基礎，使得論禮不能因時因地制宜，流於無用之見，招致劉歆「幽冥而莫知其原」之譏。

不僅劉歆對當時的博士有意見，劉向亦然。特別是成帝即位時，匡衡等五十人提出變革郊祀制度的建議。他們援引《禮記》、《尚書》，主張要依照周公在洛邑的郊禮，並改變從秦為諸侯時的雍地郊祀。他們要求在國都舉行郊祀，以南北郊分祭天地，所依據的便是周制。但是在祭壇上，供奉的卻不是周制所尊天子家族中的先公先王，而是自戰國秦漢以來，依新的天道觀建構的五方位帝。換言之，他們的復古也不純是復周之舊，而是略依經說，在漢室的政治格局下，加入所知古制。其實主要議立者匡衡，專長在《詩》，建議多引《詩》為據。

據《漢書‧郊祀志》中所錄奏議，可以看到他們引述周制之經說只及於禮制形式，未論立禮之深意，所議並不深入，可見他們對於禮制並不嫻熟。當時議者有五十八人，其中有八人反對匡衡之議。匡衡對反對者提出的駁斥有二，一是引《洪範》所謂「三人占，則從二人言。」來表示少宜從多。其次以五十人所謂當徙之義皆著於經傳，同於上世，而認為反對者不案經藝、不考古制。匡衡少數服從多數的方式主其奏議，未能就禮具論所以，無法提出合理有效的論據支持其改革禮制之奏議。〔註25〕其實，劉向反對匡衡改制

〔註24〕參湯志鈞等《西漢禮制建設之一——「廟議」》，收入氏撰：《西漢經學與政治》頁239～277。

〔註25〕《新校本漢書并附編二種》卷25，〈郊祀志〉第五，頁1255。

之議，除在〈郊祀志〉中記載劉向舉武、宣之祭祀有所靈驗，證明天與人之間存在著感應關係之說，又可於《說苑》見其具體論述。他認為有聖王之質，始能文以制禮作樂，因而惟有武、宣朝才有制禮作樂的資格，並指出武帝改祀禮是承順天心，文質相符，故天亦降靈驗感應之；元、成政治無德無實，故博士改制之議皆是虛文，也沒有經典的依據。很明顯的，劉向所承的是董仲舒論禮時的文質論，從改制的合理性作論述，反對泥古擅議，而主張反（返）質。〔註26〕

劉歆議禮，郊祀的部分見於〈郊祀志〉，宗祀的部分則見於〈韋賢傳〉。留下資料也不多，卻可以看到他實際而具體禮制建構。班固在〈贊〉中指出劉向、劉歆持天統之論、感應之說，以言祖宗之制。〔註27〕然而秉持同樣的天命君受觀，劉歆主張則有進一步的發展。他根據《周禮》和《孝經》，提出天子親行的郊祀，當天地合祭，配以高帝與高后，是採行匡衡祀南北郊的方案，但又分別了天（皇天上帝）與帝（五方位帝），避免匡衡將上帝與五方帝合陳的混亂，也對武帝所建構的國家祀典有肯定之效。最特別的是，首次以高祖配祀天地，宗祀文王以配上帝，真正在祀典上實現了《禮記》和《孝經》中，所描繪的以祖宗配祀天與上帝的周代祭祀形式。在這一建構過程，劉歆以博士學以外的學術資源——《周禮》，作為主要的經典依據，強調對周制的繼承。因此，可以說劉歆的禮制思想是建立在由董仲舒而來的春秋學理論上，進而依據《周禮》，而有所斟酌損益。〔註28〕

劉歆在禮制上的更張，引經說理，博采綜說，舉〈王制〉、《穀梁傳》及《左傳》、《尚書》說明周秦制禮，不僅知禮文，亦明禮意，將經典俱化為其說禮之有效典據。是以班固總結推崇劉歆議禮之說謂：

> 司徒掾班彪曰：漢承亡秦絕學之後，祖宗之制因時施宜。自元、成後學者（蕃）滋，貢禹毀宗廟，匡衡改郊兆，何武定三公，後皆數復，故紛紛不定。何者？禮文缺微，古今異制，各為一家，未易可偏定也。考觀諸儒之議，劉歆博而篤矣。〔註29〕

劉歆之論據不限於博士官學，上考周秦諸史傳記，對於古制的精神與實

〔註26〕 說參徐興元：《劉向評傳》，頁172～174。
〔註27〕 班固之述劉向父子這方面的思想，可見〈郊祀志〉第5下，頁1270。
〔註28〕 參考同註26。
〔註29〕 《新校本漢書并附編二種》，〈韋賢傳〉第43，頁3130。

質，可引經據典以論，並據之以損益漢制，而具有西漢董仲舒以來援經議政的特質。而且，劉歆未囿於師法家說，主據《周禮》，兼採各說，作爲立言改制的參考。特別是劉歆論禮據《周禮》，影響到他對《左傳》的理解，或是說出於對《左傳》的理解，而有據《周禮》的傾向，尚有待查考，但無論如何，從東漢治《左》諸家來看，論禮兼採眾說，也常將《左傳》與《周禮》相據論述，實有劉歆學術之遺。由此可見，東漢經學深受劉歆開啓古文經文獻資源的影響。

（二）以例釋經的詮釋取向

以條例治經的最早記載，見之《後漢書‧鄭興傳》載：「將門人從劉歆講正大義，歆美興才，使撰條例、章句、訓詁。」劉歆使鄭興撰條例云云。另外，〈賈逵傳〉談到逵父徽，從劉歆受《左傳》，作《條例》二十一篇。可見《左傳》條例之說始於劉歆。劉歆之引傳解經，使《左傳》齊備大義，杜預（222～284）推崇他具有「創通大義」之功。劉歆條例說的淵源如何呢？從解經方法來看，董仲舒春秋學，詮釋《春秋》以及所主張的釋經原則，當對劉歆歸納條例說有所啓發。試論如下。

西漢流行以訓詁、章句或傳記的方式說經，緊扣經文而發，《春秋繁露》卻是通貫《春秋》二百四十二年的經文記事，即事以言義，透過比事與屬辭兩大原則解釋經義。

首先，董仲舒相當重視透過比事以釋經義。見《春秋繁露》前五篇採問答形式，與《公羊傳》相同，如〈楚莊王〉篇：「楚莊王殺陳夏徵舒，《春秋》貶其文，不予專討也。靈王殺齊慶封，而直稱楚子，何也？曰：莊王之行賢，而徵舒之罪重。以賢君討重罪，其於人心善。若不貶，孰知其正經。」〔註30〕「楚莊王殺陳夏徵舒」見於宣公十一年，「靈王殺齊慶封」見於昭公四年。但《公羊》隨文解經，《春秋繁露》則重在相偶兩事，串講事義，以明「《春秋》常於其嫌得者見其得也。……《春秋》之辭，多所況，是文約而法明也。」的《春秋》示義之法。

其次，董仲舒主張透過「屬辭」以釋經，認爲《春秋》旨在理物正名，必須用字謹愼，因而一字不苟。如經文之詳書「石五」、「六鷁」，董仲舒認爲，此乃《春秋》「耳聞而記，目見而書」；「石五」係見聞霣石磌然之聲，視之則石，

〔註30〕《春秋繁露‧楚莊王》第1，頁2。引自蘇輿撰：《春秋繁露義證》。下引皆出
　　　於此。

察之則五。「六鷁」則目視之爲六，察之則鷁。言「六鷁退飛」，乃記見其徐而察之之況。〔註31〕因此，董仲舒認爲《春秋》經文字句皆信實無妄，〔註32〕以此爲基礎，有謂：「《春秋》愼辭，謹於名倫等物者也。」〔註33〕

董仲舒主張經文書法有其規則，基本上，書法之辭可分爲兩種。一、「常辭」，如言戰、伐、獲、執等，書寫大國小國交戰的字詞，乃以「大小不踰等，貴賤如其倫」的原則，訂字審辭，而爲經文之「常辭」。二、經文雖有「常辭」，董仲舒還認爲「《春秋》無通辭」、〔註34〕「《春秋》無達辭」。〔註35〕達，亦通也。以《春秋》雖有常辭，亦有其變，不能泥詞以求。董仲舒認爲：「《春秋》之常辭也，不予夷狄而予中國爲禮，至邲之戰，偏然反之，何也？曰：《春秋》無通辭，從變而移。今晉變而爲夷狄，楚變而爲君子，故移其辭以從其事。」〔註36〕《春秋》書常辭之則，蓋不予夷狄而予中國爲禮，然而宣十二年，晉救鄭之後，反挑與之戰，並聯楚攻鄭。楚莊王以晉爲大，欺鄭之弱，不與戰。《春秋》嘉楚有君子之行，合於禮義，故許楚爲禮。晉則無善善之心，以救民爲輕，故以夷狄稱晉。這樣的書法，不在常辭規則之內，董仲舒指出：「《春秋》之書事，時詭其實，以有避也……然則說《春秋》者，入則詭辭其委曲而後得之。」〔註37〕

那麼，《春秋》之常辭與否，依何爲斷？董仲舒謂：「辭不能及，皆在於指，非精心達思者，其孰能知之。……見其指者，不任其辭，然後可與適道矣。」辭有所不及，當不能完整表現意義時，就透過有所「指」展現其義。所謂「指」就是由文字所表達的意義，以指向文字所不能表達的意義。〔註38〕換言之，意義有在文字之外者，便不能以文字爲限。董仲舒認爲，《春秋》之記天下得失，其所以然之故甚微；意義的指向，甚幽而明，必須「案《春秋》

〔註31〕同前，〈觀德〉第33，頁274。
〔註32〕董仲舒指出，《春秋》所錄，有存其疑者。在昭公五年，經文記陳侯之卒，錄有二日。董仲舒此乃經文「書所見也，而不言其聞者。」以經文所得見者記卒之日有，雖有疑異，然不知其所以，故以二日卒之。是《春秋》經文亦有疑聞，且錄其所疑者。由此推知《春秋》載文，信實而不詭妄。
〔註33〕〈精華〉第5，頁85。下引同。
〔註34〕〈竹林〉第3，頁46。
〔註35〕〈精華〉第5，頁95。
〔註36〕〈竹林〉第3，頁50。
〔註37〕〈玉英〉第4，頁82。下引同。
〔註38〕參徐復觀：〈先秦儒家思想的轉折及天的哲學的完成〉，《兩漢思想史》卷二，頁336。

而適往事，窮其端而視其故。」通過文字意義與史事端故，掌握《春秋》意義的指向。

總上言，董仲舒的釋經原則，在於透過比事或是屬辭，掌握字辭的指向意義，以及史事的指向意義。而這兩種意義又必須通過史事的比對做爲指向。是以董仲舒謂：「是故論《春秋》者，合而通之，緣而求之，五其比，偶其類，覽其緒，屠其贅，是以人道浹而王法立。……能以比貫類，以辨付贅者，大得之矣。」〔註39〕主張治《春秋》者，須合全書以會其通，緣此以求彼。「五其比，偶其類」，即於可見於經者，推類以求。「覽其緒，屠其贅」，即縱覽端緒，剖析經文之未竟餘義。能夠將見於經者求之於比、不見於經者明之以辨者，則得《春秋》之義。

其實，董仲舒的說法即《禮記‧經解》所云「屬辭比事，春秋教也。」的進一步開展。屬辭比事歸納後的結果，就成爲經文的「例」。因此，《春秋》之辭，乃書法之例，推比事類，亦成事例，二者皆有其意義指向，於是有義例之稱。〈經解〉同時也指出，治《春秋》之者易失於亂，故董仲舒雖以經「甚幽而明，無傳而著」〔註40〕，卻也須相應於傳文：「《春秋》赴（起）問數百，應問數千，同留經中，繙援比類，以獲其端；卒無妄言，而得應於《傳》者。」〔註41〕認爲存在於《春秋》中之「起問」數百與「應問」數千之間，須透過推比事類，相應於傳文，方得無妄之言。因此，對董仲舒來說，得知史事始末是傳文解經最重要的作用。從另一角度來看，參照經傳，是對《春秋》作出正確解釋的重要步驟。

然而知辭之所指，益以傳文，應事比類，通常獲得的只是歷史事件的始末與評價。以隨文解經形式註記的傳文，對於深入的歷史解釋與評價之根據，或是經義的價值係統，無法指明與統整，因此《春秋》的意義指向並不明顯。也由於《春秋》經傳的意義指向並不那麼明確，因此董仲舒主張持傳解經者，仍須覽經以「屠其餘」，也就是根據經文思索經傳之間所未能完整傳達的餘蘊。

在董仲舒猶未明「例」，可見當時尚未明確的有以例解經的方式。〔註42〕

〔註39〕〈玉杯〉第2，頁32、33。
〔註40〕〈竹林〉第3，頁56。
〔註41〕〈玉杯〉第2，頁40。
〔註42〕後世沿習以「義例」稱《春秋》書法，實際上「義例」之辭並未見於漢代，而始見於杜預的〈春秋序〉中。杜預在〈春秋左氏經傳集解序〉中云：「其經無

從屬辭比事之教，到董仲舒開展屬辭比事之法，而爲劉歆明確提出條例的釋經方法，這樣的發展脈絡，乃有跡可循，有據可徵。

四、劉歆在解經方法上的變革

西漢時，《左傳》多古字古言，學者傳訓故而已。劉歆之於《左傳》，興趣並不在於訓詁，而在大義的研討，是以從學者尹咸及丞相翟方進「質問大義」。〔註43〕繼之劉歆「治《左氏》，引傳文以解經，轉相發明，由是章句義理備焉。」班固指出，劉歆使《左傳》的章句義理齊備，應該是將《左傳》轉變成當時的學術形式，如《公羊章句》、《穀梁章句》等，由訓釋文字進入到可論經義的層次。

所謂「引傳解經，轉相發明」，黃彰健認爲是「引《左傳》他年經文與此年經文傳文比較」的功夫，如將他條言「不稱」與此條言「不書」相比較，推測其用意，以了解《春秋》經的書法意旨。這其實是將劉歆引傳解經，解釋爲是漢儒以書法說例之舉，因而將劉歆之引傳解經溯源至胡毋生條例之法。〔註44〕

然而，《藝文志》中所載錄的漢人解經著作中，就有許多以「傳」名，如《公羊外傳》、《穀梁外傳》等，又有《公羊章句》、《穀梁章句》等，可見傳與章句在當時是不同的說經方式。〔註45〕劉歆在《移太常博士書》中將「口說」與「傳記」相對而言，口說指的就是章句「具文飾說」的解經方式，〔註46〕所以他批

義例，因行事而言，則傳直言其歸趣而已，非例也」首見「義例」之稱。說見程元敏：《春秋左氏經傳集解序疏證》（臺北：臺灣學生書局，1991）頁37～38。又：條例之說，歷來皆以胡毋生爲始。條例之說始於胡毋生之說，乃是何休在《公羊解詁序》中提到，其學「略依胡毋生條例，多得其正」，徐彥《疏》又云「胡毋生雖以《公羊》經傳傳授董氏，猶自作條例，故何氏取之，以通《公羊》也。」將整理《公羊》條例之功歸於胡毋生。但是，徐彥之不察者有二，首先，董仲舒非受於胡毋生，在《史記》與《漢書》中皆並列二人，未見傳承之說。徐復觀認爲，何休之說不可信。（《中國經學史的基礎》。頁177～180）

〔註43〕《新校本漢書并附編二種》卷36，〈楚元王傳〉第6載劉歆「從咸與翟方進受，質問大義」（頁1967）。

〔註44〕見氏撰：《經今古文問題新論》，頁24～26。

〔註45〕以「傳」說經的形式由來已久，如《公羊傳》、《穀梁傳》本身就是解經之傳體，此處不擬溯及先秦著述傳體之由，文皆以漢儒著作爲限。

〔註46〕「具文」者，謂所爲「章句」書，具列全部經文；「飾說」則言其牽引眾說以次章句，繁飾其辭而爲之說也。說參張寶三〈漢代章句之學論考〉，頁53。臺大中文學報，第14期，頁45～75。

評「分文析字，煩言碎辭，學者罷老而不能究其一藝」，與班固指責章句學之繁瑣，如出一轍。

其實，引傳記解經，在漢代時有所見。蓋當時整理古籍的工作，包括文字、章節錯亂的校讎、調解，以及經義的疏通理解，引用傳記以疏解文字經義。學者指出，王逸《楚辭》新作章句，他不滿司馬遷及劉向、揚雄的解說，在〈敘〉中提到：「《天問》以其文義不次，又多奇怪之事，自太史公口論道之，多所不逮。至於劉向、揚雄援引傳記以解說之，亦不能詳悉。」〔註47〕可以看到劉向引傳記以解經典的治學方式，當如清人趙翼所言「古人著書，凡發明義理，記載故事，皆謂之傳。」〔註48〕傳記的特點在於記載故事。

劉向之注重傳記，在其所編撰的《新序》、《說苑》中可以看到。在今人的研究中，認為在先秦諸子中可以看到，有一種「經說體」，如在《韓非子‧說林》是一些歷史故事的排列，《儲說》則先列「經」義，再儲備羅列與「經」義一一對應的「說」，包括歷史故事、寓言。這種廣舉事類以說理的形式，應視為是《新序》和《說苑》文體的淵源。〔註49〕

此外，在現代出土文物中，發現有《春秋事語》，內容為記載春秋故事，與依國別編纂的《國語》、《戰國策》，以及按《春秋》剪裁編纂的《左傳》，有著相類的體裁。學者認為，《春秋事語》在當時，有成為諸子求仕游說的談資，形成像《韓非子》中《說林》、《儲說》那樣形式的典籍。如同《呂氏春秋》、《韓詩外傳》、《說苑》、《新序》所收錄的許多故事。其次，它與《左傳》「君子曰」、史之贊、賦之亂，還有各種箴銘等也有關係，並壓縮成「語」的形式出現，成為格言，而具有歷史誡鑒的作用。〔註50〕

換言之，傳記包括了集事與集語以誡鑒的特質。劉歆所謂「引傳解經」，事實上是來自先秦的解釋傳統，即《左傳》重敘事的體裁，同於先秦諸子「經說體」集事集語、解說經義的形式。再者，對照劉向之引傳解說，及注重傳記並編纂成書的特質可知，和劉向之注《楚辭》時「援引傳記解說之」一樣，是援引《左傳》傳文解說經義。因此，劉歆之引傳解經的淵源與效用，須回到當時的學術脈絡下，才能被完整推知。

〔註47〕 洪興祖：《楚辭補注》（臺北：大安出版社，1995）頁169。
〔註48〕 氏撰：《陔餘叢考》卷5，頁85。（北京：中華書局，2006）
〔註49〕 參王葆玹：《今古文經學新論》（增訂版）（北京：中國社會科學出版社，1997）頁45。
〔註50〕 說參徐興元：《劉向評傳》，頁401～407。

漢武帝獨尊儒術，學術有所限定，又家法師說復成為限制，西漢經學走向繁瑣的章句之學，有待轉化。劉歆之引傳以解經，引入內廷圖書資源，上承先秦諸子的釋經傳統，發展成為東漢經學之法式。其根據古文諸經、傳記文獻，作為研治經典的材料與根據，不僅將東漢經學導向信而有徵、實事求是的方向上，有著治經方法上的變革意義，其闡揚古文諸經，復成為漢代經學之新資源。

五、結　論

劉歆是漢代由今文經學走向古文經學的關鍵人物。由於出自非博士學系統的郎官，接收了豐沛的內廷圖書資源。劉歆整理圖書的經驗令其具有超越博士學的視域，其廣學主張，不僅促成內廷圖書公開化、古文經學被認同，更重要的意義在於，將新資源接引到僵化的西漢經學。劉歆開啟經學新資源，其經學亦有不同於前的氣象，尤見於其春秋學。

劉歆學術雖與博士學系統有不同走向，但是其春秋學仍有沿承董仲舒者，而可見其接軌之跡。首先，天人感應與禮制文質之思想，雖說是漢時學者共有的思想特徵，但是能夠在學術上接踵董仲舒，增益其說的，唯有劉歆。再者，劉歆解說經傳條例之淵源，可溯及屬辭比事之教，至董仲舒發展屬辭比事之方法，再到劉歆歸納為條例的作為之間，可視為漢代春秋學方法的發展脈絡。由此可知，劉歆春秋學實深受今文學大師董仲舒的影響。從這一方面看，劉歆春秋學的思想體系、條例的治經方式，既是有源於董仲舒春秋學，那麼東漢左傳學之經說大義，與公羊學多有會通、援引者，當在此脈絡下取得理解。因此，劉歆春秋學，有承於董仲舒，而其思想趨向，復成為東漢《左傳》學者解釋經傳時的共同傾向時，便不能簡單的從今古文之立異爭端看待漢代的今文學與古文學。其次，劉歆開啟的新資源，令論述、治經、議禮得以引經據典，有所本。表現在春秋學上，則為引傳以解經，遠紹先秦重傳記之風，下啟東漢徵實之風。

劉歆結合博士學與內廷圖書資源，不僅有承於前，亦將新資源挹注於當時僵化繁瑣的章句說經中，成為繼董仲舒後，漢代學術思想的另一典範，而為漢代經學轉向之顯幟。[*]

---

[*] 本文承蒙審查教授指正，獲益良多，特此誌謝。唯篇幅所限，所論猶有不足，尚祈見諒。

引用書目

1. 《新校本史記三家注并附編二種》，漢・司馬遷撰、楊家駱主編，臺北：鼎文出版社，1979 年。
2. 《新校本漢書并附編二種》，漢・班固、楊家駱主編，臺北：鼎文出版社，1986 年。
3. 《新校本後漢書并附編十三種》，南朝宋・范曄撰、楊家駱主編，臺北：鼎文出版社，1981 年。
4. 《文選》，梁・蕭統編、唐・李善注，臺北：文津出版社，1987 年。
5. 《楚辭補注》，宋・洪興祖，臺北：大安出版社，1995 年。
6. 《陔餘叢考》，清・趙翼，北京：中華書局，2006 年。
7. 《春秋繁露義證》，清・蘇輿，北京：中華書局，1992 年。
8. 《論衡校釋》，黃暉，北京：中華書局，1990 年。
9. 《兩漢思想史》，徐復觀，臺北：臺灣學生書局，1976 年。
10. 《中國經學史的基礎》，徐復觀，臺北：臺灣學生書局，1982 年。
11. 《春秋左氏經傳集解序疏證》，程元敏，臺北：臺灣學生書局，1991 年。
12. 《經今古文問題新論》，黃彰健，臺北：中央研究院歷史語言研究所，1992 年。
13. 《西漢經學與政治》，湯志鈞，上海：上海古籍出版社，1994 年。
14. 《今古文經學新論》（增訂版），王葆玹，北京：中國社會科學出版社，1997 年。
15. 《劉向評傳》，徐興元，南京：南京大學出版社，2005 年。

引用期刊

1. 〈漢代章句之學論考〉，張寶三（2001），臺大中文學報，第 14 期，頁 45～75。